독자의 1초를
아껴주는 정성을
만나보세요!

세상이 아무리 바쁘게 돌아가더라도 책까지 아무렇게나 빨리 만들 수는 없습니다.

인스턴트 식품 같은 책보다 오래 익힌 술이나 장맛이 밴 책을 만들고 싶습니다.

땀 흘리며 일하는 당신을 위해 한 권 한 권 마음을 다해 만들겠습니다.

마지막 페이지에서 만날 새로운 당신을 위해 더 나은 길을 준비하겠습니다.

소프트웨어 코딩 대회를 위한
파이썬 문제풀이 100

초판 발행 · 2023년 1월 30일
초판 2쇄 발행 · 2024년 2월 16일

지은이 · 이형우
발행인 · 이종원
발행처 · (주)도서출판 길벗
출판사 등록일 · 1990년 12월 24일
주소 · 서울시 마포구 월드컵로 10길 56(서교동)
대표 전화 · 02)332-0931 | **팩스** · 02)323-0586
홈페이지 · www.gilbut.co.kr | **이메일** · gilbut@gilbut.co.kr

기획 및 책임편집 · 김윤지(yunjikim@gilbut.co.kr) | **디자인** · 박상희 | **제작** · 이준호, 손일순, 이진혁
마케팅 · 김학흥, 박민주 | **영업관리** · 김명자 | **독자지원** · 윤정아

교정교열 · 황진주 | **전산편집** · 도설아 | **출력 및 인쇄** · 금강인쇄 | **제본** · 금강제본

ISBN 979-11-407-0302-9 93000　(길벗 도서번호 080295)

정가 20,000원

독자의 1초를 아껴주는 정성 길벗출판사

(주)도서출판 길벗 IT교육서, IT단행본, 경제경영서, 어학&실용서, 인문교양서, 자녀교육서 ▶ www.gilbut.co.kr
길벗스쿨 국어학습, 수학학습, 어린이교양, 주니어 어학학습, 학습단행본 ▶ www.gilbutschool.co.kr

소프트웨어 코딩 대회를 위한

파이썬 문제 풀이 100

이형우 지음

길벗

지금 이 시대를 살아가는 우리에게 필요한 인재상은 무엇일까요? 초 · 중 · 고, 대학교에서 학생들에게 요구하는 역량은 어떤 것일까요? 회사에서 직원들은 어떤 역량을 갖춰야할까요? 4차 산업혁명이 가져올 미래 사회에서 필요한 인재는 누구일까요?

어느 시대든 뛰어난 인재는 존재했고 그들이 시대를 이끌어 나갔습니다. 과거에 사회가필요로 했던 인재상과 오늘날의 인재상에는 큰 차이가 없습니다. 소통, 즉 커뮤니케이션을 잘 할 줄 아는 사람은 시대와 상관없이 환영을 받습니다. 사람과 사람, 사람과 기계가올바르게 소통하려면 자신의 생각을 논리적으로 이야기하고 구체화해서 보여줄 수 있어야 합니다.

제가 학교를 다니던 글로벌 시대에는 소통의 중심에 '영어'가 있었습니다. 영어를 잘하는 것이 시대가 요구하는 인재상이었죠. 하지만 현재 초등학생인 딸 시은이와 아들 우진이의 시대에는 소통의 중심에 '소프트웨어 역량'이 있습니다. 컴퓨터적으로 생각하고 자신의 생각을 논리적으로 코드로 구현할 수 있는 역량이 바로 오늘날 인재의 기준입니다. 그래서 소프트웨어 역량을 키우려는 학생들의 눈높이에 딱 맞는 코딩 교육을 제공하고자 코딩 교육 전문 기관인 메이킷코드랩 아카데미와 연구소를 설립하였고, 이후 (주)메이킷에듀를 설립하여 확장하였습니다. 또한, 학생들이 코딩 교육으로 얻으려는 컴퓨터원리와 논리를 명확히 파악하여 컴퓨팅적 사고 능력과 문제 해결 능력을 익힐 수 있게최신 소프트웨어 코딩 교육 과정과 교재를 개발하였습니다.

이 책은 필자가 단순하게 알고 있는 것을 정리한 것이 아닙니다. 여러 학생들을 가르치면서 파이썬을 처음 공부하는 학생들이 어떤 것을 궁금해하고 어려워하는지 관찰한 것을 토대로 집필하였습니다. 또한, 학생들이 어떻게 하면 쉽고 재미있게 컴퓨터 과학을배울 수 있을까 스스로 질문하며 책을 정리하였습니다. 학생들을 효율적으로 가르치기위한 수년의 노력과 학생들의 피드백이 녹아 들어간 책입니다.

파이썬은 코드가 간결하고 직관적인 프로그래밍 언어입니다. 이러한 파이썬의 매력 때문에 오늘날 가장 인기 있는 프로그래밍 언어 중 하나가 되었으며, 코딩 공부를 처음 시작하는 학생들이 가장 많이 배우는 언어이기도 합니다. 여러분이 처음 파이썬을 공부하더라도 파이썬을 가장 쉽고 재미있게 배울 수 있는 방법은 바로 문제를 해결하면서 배우는 것입니다. 아무리 큰 산이라도 한 걸음 한 걸음이 모여 정상에 오르듯이, 여러분들은 한 문제 한 문제를 해결하면서 자신도 모르는 사이에 파이썬이라는 산의 정상에 올라와 있을 것입니다.

앞으로 여러분이 디지털 네이티브 시대를 이끄는 창의 융합 인재가 되기를 바라며, 여러분의 꿈을 키우는 첫 시작을 이 책과 함께 한다면 저에게는 큰 영광일 것입니다. 이 책이 여러분의 시작을 응원하는, 작지만 단단한 밑거름이 되기를 기대합니다.

소프트웨어로 생각을 표현하다!

소프트웨어로 세상을 디자인하다!

소프트웨어로 문제를 해결하다!

Thanks to

이 책이 나올 수 있도록 적극적이고 재미있게 수업에 참여해 준 모든 메이킷코드랩 학생들에게 감사합니다. 또한 집필하는 과정에서 도움을 주신 길벗출판사 김윤지 차장님께 감사의 말을 전합니다. 학생들의 눈높이에 맞춰 재미있고 체계적으로 컴퓨터 과학과 코딩을 가르치며 연구하는 메이킷코드랩 연구원들과 양질의 코딩 교육을 선도하며 국내 최고의 회사로 성장하는 비전을 실현하고 있는 (주)메이킷에듀 임직원들에게 감사의 말을 전합니다. 평생을 자식 걱정과 뒷바라지에 헌신하신 사랑하는 부모님과 지금도 대학 교수실과 연구실에서 오로지 학문에만 집중하고 정진하고 있을 형에게 감사의 마음을 전합니다. 마지막으로 누구보다 소중하고 사랑하는 아내와 제가 살아가는 데 힘을 주는 가장 빛나고 해맑은 사랑하는 딸 시은이, 아들 우진이에게 감사의 마음을 전하며 이 책을 바칩니다.

(주)메이킷에듀, 메이킷코드랩

대표

누구를 위한 책인가요?

이 책은 파이썬 프로그래밍 언어로 코딩을 공부하려는 모든 사람을 위한 책입니다. 또한 한국정보올림피아드(KOI), 미국정보올림피아드(USACO) 등 다양한 소프트웨어 알고리즘 대회를 준비하는 데 필요한 기본기를 다지고 싶은 학생들을 위한 책입니다.

"프로그래밍 언어를 배우고 싶은데 어떤 언어를 선택하면 좋을까?"

"기본 문법은 알고 있지만 막상 코드를 작성하려니 왜 안 되지?"

"코드 작성 역량은 어떻게 키우지?"

이러한 고민이 있는 분이라면 이 책이 도움이 될 것입니다. 지금 우리가 배워야 할 1순위 프로그래밍 언어는 파이썬이고, 코드 작성 역량은 간단한 문제를 해결하면서 배우는 것이 가장 효율적입니다.

왜 파이썬을 배우나요?

C언어, C++, 자바, 자바스크립트 등 다양한 프로그래밍 언어가 있습니다. 이 중에서 특히 파이썬은 코드를 직관적으로 작성할 수 있는 최고의 언어입니다. 우선 파이썬은 다른 언어보다 문법이 간결하기 때문에 내가 생각하는 것을 코드로 작성하기가 비교적 쉽습니다. 또한 파이썬은 다양한 라이브러리가 있어 다양한 영역에서 활용할 수가 있습니다. 예를 들어, 인공지능 분야를 위한 텐서플로(tensorflow), 파이토치(pytorch)가 있고, 데이터 분석을 위한 판다스(pandas), 넘파이(numpy), matplotlib, 게임 제작을 위한 파이게임(pygame), 웹사이트 개발을 위한 장고(django), 플라스크(flask), 컴퓨터 비전을 위한 오픈CV(openCV) 등 다양한 라이브러리가 있습니다. 그뿐만 아니라 라즈베리파이, 아두이노, 마이크로비트와도 쉽게 연동이 가능하며, 다양한 하드웨어 센서를 사용해 창의적인 메이킹을 할 수 있다는 장점이 있습니다.

코딩을 효율적으로 배우는 방법은 무엇일까요?

모든 배움이 그렇듯이 처음부터 어려운 일을 척척 쉽게 해낼 수 있는 왕도는 없습니다. 하지만 효율적인 학습 방법은 있습니다. 저는 어릴 때부터 다양한 프로그래밍 언어를 배우고 성인이 되어 컴퓨터 과학자이자 연구원으로 일했으며 학생들을 가르치기도 했습니다. 그러면서 제가 터득한 효율적인 학습 방법이 두 가지 있습니다.

첫째, 꾸준해야 합니다. 둘째, 단순히 프로그래밍 문법만 익히는 것이 아니라 문제를 인식하고 문제를 해결하기 위한 생각을 코드화하는 역량을 키워야 합니다. 역량을 꾸준히 키우는 가장 좋은 방법은 문제를 해결하면서 프로그래밍을 배우는 것입니다. 이 책에 나오는 파이썬 100문제를 하루에 조금씩 풀다 보면 나도 모르는 사이에 프로그래밍 역량이 커진 것을 알게 될 것입니다. 그리고 이렇게 쌓은 기반이 여러분을 전문가의 길로 안내할 것입니다.

이 책이 다른 파이썬 책과 다른 점은 무엇인가요?

첫째, 문제를 해결하면서 파이썬 문법을 익힐 수 있습니다. 파이썬을 처음부터 단계별로 배울 수 있도록 100문제를 담았습니다. 문제를 해결하면서 자연스럽게 문법을 익히고 코드 작성에 필요한 역량을 키울 수 있습니다.

둘째, 초 · 중 · 고등학생들을 대상으로 하는 소프트웨어 코딩 대회, 알고리즘 대회, 취업을 위한 코딩 테스트 준비에 필요한 문제들을 엄선하였습니다. 이 책을 통해 정보올림피아드나 소프트웨어 알고리즘 대회, 코딩 테스트를 위한 기초 프로그래밍 역량을 키울 수 있습니다.

셋째, 유튜브 채널 '메이킷코딩'과 온라인 실습 사이트에서 문제를 함께 풀어보세요. 책을 보면서 모르는 부분이 있거나 궁금한 점은 댓글로 소통할 수 있습니다.

- 유튜브 채널 | www.youtube.com/@makitcoding
- 온라인 실습 사이트 | jungol.dojang.io

이 책을 읽고 나서 배워야 하는 과정은 무엇인가요?

우선 간단하더라도 나만의 프로젝트를 만들어 보세요. 파이게임(pygame) 라이브러리를 활용해 게임 프로젝트를 만들어 보거나 넘파이(numpy), 판다스(pandas) 같은 데이터 분석 라이브러리와 GUI 툴 킷 라이브러리를 활용해 빅데이터 분석 앱을 만들어 볼 수도 있을 것입니다.

또한 파이썬을 통해서 기본적인 머신러닝 개념 및 인공지능 알고리즘을 구현해 보는 것도 좋은 경험이 될 것입니다. 스택, 큐, 트리, 그래프 등 다양한 자료구조에 대해서 공부해 보고 탐욕 알고리즘, 탐색 알고리즘, 정렬 알고리즘, 동적 계획법, 그래프 알고리즘으로 확장하면서 문제 해결 역량을 키워 보세요.

이 책의 문제를 풀어보면서 코딩에 대한 기초 역량을 튼튼히 다지고 수학적, 컴퓨터적 사고 역량을 키운 다음, 자료구조와 알고리즘을 공부해 보세요. 이를 토대로 한국 정보 올림피아드를 포함하여 다양한 코딩 대회에 도전해 보세요.

▶ 한국 정보올림피아드

과학기술정보통신부에서 주최하고 초 · 중 · 고 청소년이 참가하는 컴퓨터 프로그래밍 대회입니다. 알고리즘 설계 능력을 평가하는 경시 부문과 실생활에 도움이 되는 소프트웨어의 창의성을 평가하는 공모 부문으로 나뉩니다. 경시 부문에는 소프트웨어 코딩 역량과 창의적인 수학적 문제 해결력, 기초적인 자료구조와 알고리즘에 대한 이해가 필요합니다.

• 공식 사이트 | koi.or.kr

▶ USACO(미국 정보올림피아드)

USACO(USA Computing Olympiad, 미국 정보올림피아드)는 C/C++, 자바, 파이썬 프로그래밍 언어를 통해 코딩 역량과 수학적 사고력을 논하는 자료구조, 알고리즘에 대한 체계적인 이해를 평가하는 대회입니다. 미국 대회이지만 전 세계 학생 누구나 온라인으로 참여할 수 있습니다. 온라인으로 세 번 진행하며 보통 12월, 1월, 2월에 진행하고 3월에는 US Open 시험을 진행합니다. 총 4번의 시험 기회가 주어지고 브론즈, 실버, 골드, 플래티넘 이렇게 네 등급이 있습니다.

• 공식 사이트 | www.usaco.org

▶ ACSL(미국 컴퓨터 경진대회)

ACSL(American Computer Science League)은 그 역사가 40년이 넘은 미국의 전통적인 컴퓨터 경진대회입니다. 총 5개월에 걸쳐서 코딩 실력과 컴퓨터 과학에 대한 이해를 겨룹니다. 컴퓨터 과학에 대한 이론을 체계적으로 배우고 파악하는 과정 속에서 학생들은 컴퓨터적 사고의 깊이가 한층 깊어집니다. 특히 국제 학교에 다니는 학생들은 ACSL 대회에 도전하여 좋은 경험을 해보면 좋습니다.

• 공식 사이트 | www.acsl.org

▶ 한국코드페어 착한 상상, 알고리즘 히어로즈, 해커톤 SW빌더스 챌린지

과학기술정보통신부에서 주최하고 대한민국 국적의 초 · 중 · 고등학생을 대상으로 하는 메이커스 대회가 한국 코드페어 '착한 상상'입니다. 또한, '알고리즘 히어로즈'를 통해 청소년들의 소프트웨어 역량 강화를 위한 과정을 온라인 교육 플랫폼에서 수료하고 '해커톤 SW빌더스 챌린지'에 출전합니다.

- 공식 사이트 | kcf.or.kr

▶ 넥슨 청소년 프로그래밍 챌린지(NYPC)

넥슨에서 주최하는 NYPC는 프로그래밍에 관심 있는 12~19세 학생을 대상으로 합니다. 파이썬, 자바, C/C++, C# 중 선택해 정해진 기간 동안 대회 온라인 사이트에서 문제를 풀고 제출하는 대회입니다. 예선을 통과한 학생들은 판교에 있는 넥슨 본사 사옥에서 본선을 진행합니다.

- 공식 사이트 | www.nypc.co.kr

▶ 전국 중학생 IT 올림피아드

한국디지털미디어고등학교(이하 디미고)에서 주최하고 전국 중학생에게 열려 있는 대회입니다. 입상자는 디미고 신입생 진로 적성 특별전형 대회 입상 부문 지원 자격을 얻습니다. 또한, 활동 증빙 자료 점수를 부여 받기 때문에 디미고 입시 때 특별 전형 혜택이 있습니다.

▶ 교내 SW 대회

최근에는 초 · 중 · 고등학교 교내 대회에서 프로그래밍 상식과 알고리즘에 대한 문제 해결 능력을 평가하는 다양한 대회가 진행됩니다. 또한 다양한 메이커스 발명 대회가 열리기도 합니다. 프로그래밍 역량을 갖춘 학생들은 교내에서 진행하는 다양한 대회에 코딩과 융합하여 도전해 보기를 추천합니다.

★★★ 소프트웨어 코딩 대회에 대한 더 자세한 정보는 blog.naver.com/makitcodelab에서 확인해 보세요. ★★★

1번부터 100번까지 하나씩 문제를 풀고 코드를 작성하는 과정을 통해 자연스럽게 파이썬 문법을 익히고 코드 작성 방식을 이해할 수 있었습니다.

— 조성민(초6) | 정보올림피아드 1, 2차 대회 입상

제가 처음 파이썬을 공부했을 때 이 책이 있었다면 제가 했던 고민을 좀 더 쉽게 해결할 수 있었을 것 같습니다. 소프트웨어 알고리즘 대회 준비를 시작하는 사람들에게 적합한 책이라고 생각합니다.

— 임지훈(중3) | 디지털미디어고등학교 입학 예정,
정보올림피아드 1, 2차 대회 입상, 전국 중학생 IT 올림피아드 프로그래밍 부문 입상

이 책의 장점은 문제를 먼저 제시하고 그 문제를 해결하기 위한 과정을 보여주는 것입니다. 책에 나온 코드를 잘 이해하고 파악한다면 자료구조나 알고리즘을 공부할 때도 도움이 많이 될 것 같습니다.

— 이정훈(중3) | 선린인터넷고등학교 입학 예정

고등학교에 입학하면 파이썬 코딩을 배워야 하는데, 이 책은 코딩을 처음 배우는 학생들에게 유용할 것 같습니다. 무엇보다 파이썬을 단순하게 이론 중심으로 설명하지 않아 좋았습니다.

— 류승현(고1)

다양한 문제를 해결하면서 코드를 작성하는 역량을 키울 수 있게 도와주는 책입니다. 저는 지금 코딩 동아리 활동도 하고 있고 친구들에게 파이썬을 종종 가르쳐 주기도 하는데 이 책을 적극 활용할 생각입니다.

— 안도은(고1)

내용이 쉽게 설명되어 있어 좋았습니다. 이 책으로 파이썬 프로그래밍 기초를 잘 쌓은 뒤 데이터 분석이나 게임 프로젝트 같은 응용 과정으로 넘어가면 좋을 것 같다고 생각합니다.

— 이형일(대2)

이 책이 출간되기 전 베타테스터가 원고를 미리 살펴보고
★★★ 고칠 부분은 없는지, 추가할 내용은 무엇인지 의견을 전달해 주었습니다. 참여해 준 분들께 감사합니다. ★★★

이 책은 총 8개의 파트, 100개의 문제로 구성되었습니다. 변수부터 조건문, 반복문, 함수, 리스트 등 파이썬 기초 문법을 익히고 이를 바탕으로 다양한 문제를 해결할 수 있도록 이끕니다. 문제를 읽으며 스스로 생각해 보고, 어떻게 문제를 해결하면 좋을지 핵심을 잡은 다음 내가 생각한 코드가 정답과 어떻게 다른지 비교하면서 공부해 보세요!

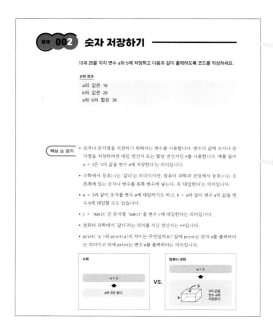

문제

문제를 자세히 읽고 어떻게 풀면 좋을지 생각해 보세요.

핵심 잡기

이 문제의 핵심이 무엇인지 짚어줍니다. 또한, 어떤 방식으로 풀면 효율적인지 힌트를 제공합니다.

정답 보기

문제의 정답(모범 답안)을 공개합니다. 한 가지 정답만 있는 것이 아니므로 내 코드와 어떻게 다른지 비교하면서 확인하세요.

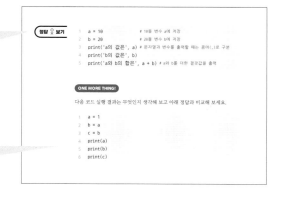

ONE MORE THING!

앞에서 푼 문제를 응용해서 살펴봅니다.

▶ 동영상으로 공부하기

저자의 동영상을 보면서 같이 공부하세요.

- 메이킷코딩 유튜브 | www.youtube.com/@makitcoding

▶ 실습 사이트에서 연습하기

책과 함께 제공하는 실습 사이트에서 책에 나오는 문제를 풀어 볼 수 있습니다.

- 실습 사이트 | jungol.dojang.io

❶ 문제를 읽고 답이라 생각되는 코드를 '정답' 공간에 입력하고 [완료] 버튼을 누르세요.

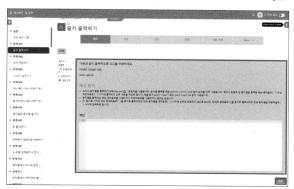

❷ [모두 제출하고 마침] 버튼을 누르면 심사 결과를 알려줍니다. '테스트를 통과했습니다'라는 메시지가
나오면 성공입니다. '실패' 메시지가 나오면 다시 뒤로 돌아가 문제를 풀어 보세요.

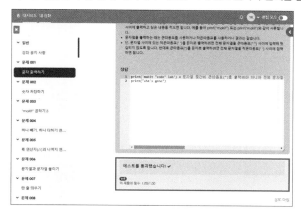

차례

PART 1 코드를 구성하는 기본 도구 – 출력, 변수, 연산자

PART 2 컴퓨터와 묻고 답하기 그리고 문자열 다루기

PART 3 리스트(list) 다루기

PART **4**   **여자는 1번 방으로, 남자는 2번 방으로 – 조건문**

PART 5 빛의 속도로 일을 처리하기 – 반복문

PART **6** 문제 해결 역량 키우기

PART **7** 가제트 만능 팔 - 딕셔너리

파이썬 개발 환경 IDLE 설치하기

PYTHON

파이썬 코드 작성 개발 환경에는 여러 가지 종류가 있습니다. 파이참이나 코랩 같은 다양하고 좋은 개발 환경이 있지만, 우선은 가장 기본적인 파이썬 개발 환경인 IDLE에서 작업하기를 추천합니다. 개발 환경이 복잡하면 파이썬을 처음 배울 때 코딩이 더욱 어렵게 느껴지기도 하기 때문입니다.

① 인터넷 브라우저 중 크롬을 실행하여 파이썬 공식 사이트 주소를 입력해 접속하세요.
- www.python.org

② Downloads 메뉴 위에 마우스 커서를 올리세요.

③ 다음과 같은 화면이 나오면 [Python 3.11.0] 버튼을 클릭하세요. 그러면 다운로드가 시작됩니다.

> **TIP** 버튼에 적힌 숫자는 파이썬 버전을 의미하며, 3.XX.0처럼 가운데 숫자가 바뀌어도 실습을 하는 데 큰 차이는 없습니다.

④ 다운로드가 완료되면 그 파일을 클릭해서 실행하세요. 다음과 같은 화면이 나오면 아래쪽 옵션을 모두 체크한 다음 [Install Now]를 클릭하세요.

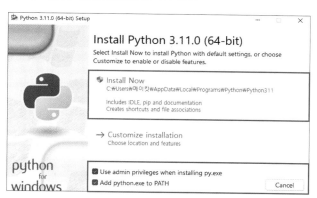

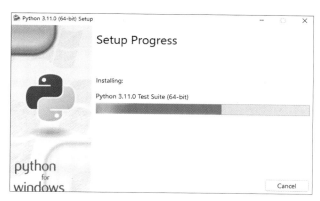

⑤ 설치가 완료되면 바탕화면 아래쪽에 있는 윈도우 시작(▦) 버튼을 눌러서 'idle'로 검색한 다음, [IDLE(Python 3.11 64-bit)]라고 적힌 파일을 클릭하고 [열기]를 클릭하여 실행합니다.

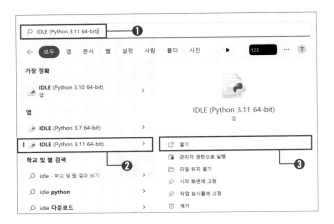

⑥ 실행하면 아래 그림과 같은 편집기가 나타납니다. 여기서 [File] → [New File] 메뉴를 차례로 클릭하세요.

```
IDLE Shell 3.11.0
File  Edit  Shell  Debug  Options  Window  Help
    Python 3.11.0 (main, Oct 24 2022, 18:26:48) [MSC v.1933 64 bit (AMD64)] on win32
    Type "help", "copyright", "credits" or "license()" for more information.
>>>
```

⑦ 아래와 같은 편집기가 새롭게 나타납니다.

⑧ 아래와 같이 코드를 작성하고 [Run] → [Run Module(F5)]을 차례로 클릭하세요. 파일 이름을 원하는 것으로 입력한 후 저장하면 실행됩니다. 단축키인 F5 키를 눌러서 바로 실행해도 됩니다.

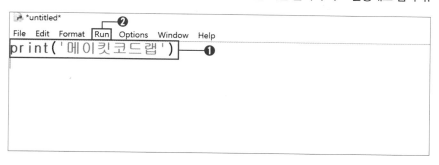

TIP

이 책에서는 파일 이름을 test01.py로 입력하였습니다.

⑨ 아래 그림과 같이 결과를 확인할 수 있습니다.

```
IDLE Shell 3.11.0
File Edit Shell Debug Options Window Help
    Python 3.11.0 (main, Oct 24 2022, 18:26:48) [MSC v.1933 64 bit (AMD64)] on win32
    Type "help", "copyright", "credits" or "license()" for more information.
>>>
========================================================== RESTART: C:/Users/메이킷/Desktop/makit.py ===
메이킷코드랩
>>>
```

TIP

IDLE이 아닌 책과 함께 제공하는 온라인 실습 사이트 jungol.dojang.io에서 코드를 입력하고 실행해도 됩니다. 자세한 내용은 13쪽을 참고하세요.

글자 출력하기 ━━━━━━━━

다음과 같이 출력하도록 코드를 작성하세요.

실행 결과

```
makit "code" lab
she's gone
```

핵심 ≡ 잡기

- 숫자나 문자열을 출력하기 위해서는 print( ) 명령어를 사용합니다. 숫자를 출력할 때는 print(3), print(3.14)와 같이 숫자를 바로 사용합니다. 영어나 한글로 된 문자열을 출력할 때는 큰따옴표(" ") 또는 작은따옴표(' ') 사이에 출력하고 싶은 내용을 적으면 됩니다. 예를 들어 print("makit") 또는 print('makit')와 같이 사용합니다.

- 문자열을 출력할 때 큰따옴표를 사용하거나 작은따옴표를 사용해도 결과는 같습니다.

- 단, 문자열 사이에 있는 작은따옴표(')를 문자로 출력하려면 전체 문자열을 큰따옴표(" ") 사이에 입력해 헷갈리지 않도록 합니다. 반대로 큰따옴표(")를 문자로 출력하려면 전체 문자열을 작은따옴표(' ') 사이에 입력하면 됩니다.

정답 ♀ 보기

```
1  # 문자열 중간에 큰따옴표(")를 출력해야 하므로 전체 문자열을 작은따옴표로 감싸 출력
2  print('makit "code" lab')
3  # 문자열 중간에 작은따옴표(')를 출력해야 하므로 전체 문자열에 큰따옴표로 감싸 출력
4  print("she's gone")
```

다음과 같이 출력하도록 코드를 작성하세요.

실행 결과

축하합니다. "우진"님!!

✔ 정답 코드

```
1   print('축하합니다. "우진"님!!')
```

문제 002 숫자 저장하기

10과 20을 각각 변수 a와 b에 저장하고 다음과 같이 출력하도록 코드를 작성하세요.

실행 결과

```
a의 값은 10
b의 값은 20
a와 b의 합은 30
```

핵심 ≡ 잡기

- 숫자나 문자열을 저장하기 위해서는 변수를 사용합니다. 변수의 값에 숫자나 문자열을 저장하려면 대입 연산자 또는 할당 연산자인 =를 사용합니다. 예를 들어 a = 3은 '3의 값을 변수 a에 저장한다'는 의미입니다.

- 수학에서 등호(=)는 '같다'는 의미이지만, 컴퓨터 과학과 코딩에서 등호(=)는 오른쪽에 있는 숫자나 변수를 왼쪽 변수에 넣는다, 즉 '대입한다'는 의미입니다.

- a = 3과 같이 숫자를 변수 a에 대입하기도 하고, b = a와 같이 변수 a의 값을 변수 b에 대입할 수도 있습니다.

- c = 'makit'은 문자열 'makit'을 변수 c에 대입한다는 의미입니다.

- 컴퓨터 과학에서 '같다'라는 의미를 지닌 연산자는 ==입니다.

- print('a')와 print(a)의 차이는 무엇일까요? 앞에 print는 문자 a를 출력하라는 의미이고 뒤에 print는 변수 a를 출력하라는 의미입니다.

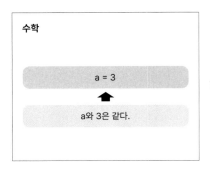

VS.

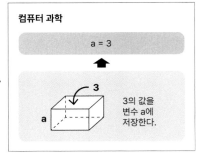

```
1    a = 10            # 10을 변수 a에 저장
2    b = 20            # 20을 변수 b에 저장
3    print('a의 값은', a)  # 문자열과 변수를 출력할 때는 콤마(,)로 구분
4    print('b의 값은', b)
5    print('a와 b의 합은', a + b)  # a와 b를 더한 결괏값을 출력
```

ONE MORE THING!

다음 코드 실행 결과는 무엇인지 생각해 보고 아래 정답과 비교해 보세요.

```
1    a = 1
2    b = a
3    c = b
4    print(a)
5    print(b)
6    print(c)
```

실행 결과

```
1
1
1
```

'makit' 곱하기 3 ━━━━━━━━━

다음과 같이 변수 a와 b에 숫자 10과 문자열 'makit'을 각각 저장하고, 각 변수에 곱하기 3을 한 결과가 무엇인지 적어 보세요.

```
1  a = 10
2  b = 'makit'
3  print(a * 3)
4  print(b * 3)
```

핵심 = 잡기

- 숫자에 곱하기를 하면 그 결과는 우리가 수학에서 곱셈을 하는 것과 같습니다. 그러나 문자열에 숫자를 곱하는 것은 의미가 조금 다릅니다. 문자열을 곱한 숫자만큼 문자열을 반복해서 붙인다는 의미입니다.

- print(a * 3)은 변수 a의 값인 숫자 10에 3을 곱해서 30이 출력됩니다.

- print('makit' * 3)은 문자열 makit에 3을 곱한 것입니다. 그렇다면 무엇이 출력될까요?

정답 ♀ 보기

실행 결과

```
30
makitmakitmakit
```

다음 코드의 실행 결과는 무엇일까요?

```
1  a = 3
2  b = '3'
3  print(a * int(b))      # 결과는 9, 숫자 9가 출력
4  print(str(a) * int(b)) # 결과는 333, 문자열 333이 출력
```

a = 3 * 3의 결과는 당연히 a = 9입니다. 하지만 a = '3' * 5의 결과는 a = '33333'이 됩니다. 여기서 3은 숫자가 아닌 문자 3이기 때문에 해당 문자가 다섯 번 반복해서 출력됩니다.

a는 숫자 3을 의미하고 b는 문자 3을 의미합니다. 숫자를 문자로 변경하기 위해서는 str(3)과 같이 사용하고, 숫자 모양의 문자를 숫자로 변경하기 위해서는 int('3')과 같이 사용합니다. str은 String의 약자이고, 문자열을 의미합니다. int는 Integer의 약자이고, 정수 숫자를 의미합니다.

실행 결과

```
9
333
```

하나 빼기, 하나 더하기 연산자 ──

아래 코드를 수행하였을 때 결과가 어떻게 나올지 적어 보세요.

```
1   m = 1
2   print(m)
3   m = m + 1
4   print(m)
5   m += 1
6   print(m)
7   m = m - 1
8   print(m)
9   m -= 1
10  print(m)
```

핵심 ≡ 잡기

• m = m + 1은 m이 왼쪽으로 이동해서 m − m = 1이 되고, 그러므로 결과는 0 = 1, 즉 0과 1이 '같다'라는 이상한 결과가 나옵니다. 이것은 등호(=)를 수학적으로 생각해서 발생하는 문제입니다. = 기호는 오른쪽에 있는 숫자 또는 변수의 값을 왼쪽 변수에 저장한다는 의미입니다. 즉, 변수 m의 값이 1이라면, 1+1의 결괏값 2를 다시 변수 m에 대입한다는 의미입니다. 그러므로 m의 값은 1에서 2로 수정됩니다.

• m = m + 1의 의미를 알았습니다. 그렇다면 m += 1은 무엇일까요? 이것은 m = m + 1과 같은 의미입니다. '생일 파티'를 '생파'로, '아이스 아메리카노'를 '아아'로 줄여서 말하는 것처럼 문장을 간략하게 표현하는 것입니다.

• m *= 2는 무엇일까요? m = m * 2와 같습니다.

• a = a + b는 a += b라고 줄여서 표현할 수 있습니다.

• 아래 두 줄의 코드는 최종적으로 변수 m에는 2의 값이 저장됩니다. 우선 첫 번째

줄에서 m에 1이 저장됩니다. 그리고 두 번째 줄의 = 을 기준으로 오른쪽 m + 1을
실행해 m의 값 1과 1이 더해져 m은 최종적으로 2가 됩니다.

```
1    m = 1
2    m = m + 1
```

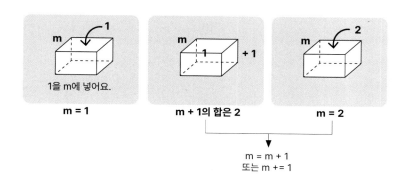

정답 ✂ 보기

실행 결과

```
1
2
3
2
1
```

ONE MORE THING!

다음 코드를 실행했을 때 결과가 어떻게 나올지 적어 보세요.

```
1    a = 1
2    b = 2
3
4    a += b
5    a = a + b
6    b = a - b
```

```
7   b -= a
8
9   print(a)
10  print(b)
```

실행 결과

```
5
-2
```

몫 연산자(//)와 나머지 연산자(%)

30을 8로 나눈 몫과 나머지를 각각 변수 a와 b에 저장하고 다음과 같이 출력하는 코드를 작성하세요.

실행 결과

```
30을 8로 나눈 몫은 3
30을 8로 나눈 나머지는 6
30을 8로 나눈 결과는 3.75
```

핵심 ☰ 잡기

- 나누기의 결과는 몫과 나머지 두 개입니다. 파이썬에서는 나누기 결과를 얻는 연산자로 / 기호를 사용합니다. 나누기 결과의 몫을 구하는 몫 연산자는 // 기호를, 나누기 결과의 나머지를 구하는 나머지 연산자는 % 기호를 사용합니다.

- a 나누기 b의 나머지 값이 0이라는 것은, a는 b로 나누어 떨어진다는 의미입니다. 즉, b는 a의 약수이며, a는 b의 배수입니다.

- 그러면 어떤 수를 2로 나누었을 때 나머지가 1이라는 것은 무엇을 의미할까요? 또는 나머지가 0 이라는 것은 무엇을 의미할까요? 2로 나눈 나머지가 1인 숫자는 홀수, 2로 나눈 나머지가 0인 숫자는 짝수라고 할 수 있습니다.

- 나머지 연산자 %를 사용해서 어떤 수를 5로 나누었을 때 결과로 나올 수 있는 숫자의 종류는 0부터 4까지 총 5개입니다.

정답 ♀ 보기

```
1    a = 30 // 8 # 나누기 결과의 몫 저장
2    b = 30 % 8  # 나누기 결과의 나머지 저장
3    c = 30 / 8  # 나누기 결과 저장
4
5    print('30을 8로 나눈 몫은', a)
6    print('30을 8로 나눈 나머지는', b)
7    print('30을 8로 나눈 결과는', c)
```

 **문제 006** **문자열과 문자열 붙이기**

다음 코드의 실행 결과를 적어 보세요.

```
1  print(12 + 34)     # 숫자끼리 더하기
2  print('12' + '34') # 문자열 붙이기, 연결하기
3  print(2 ** 3)      # 2의 3제곱
```

핵심 ☰ 잡기

- 숫자와 숫자를 더하면 당연히 더하기를 한 숫자 결과가 출력됩니다. 그러나 '12'는 숫자가 아닌 문자열 12입니다. 즉, 숫자 모양 12가 저장된 것입니다. '문자열과 문자열을 더한다(+)'는 문자열 붙이기 또는 연결하기(string concatenation)의 의미입니다.

- a ='super' + 'man'은 문자열 'superman'을 변수 a에 저장한다는 의미입니다.

- a ** b는 a를 b번 만큼 곱한 결과입니다. 즉, 2 ** 3 = 2 * 2 * 2이며 2의 3제곱을 한 결과와 같습니다.

숫자 사이에 있는 +는 '더하기' 의미

| 숫자 **12** | + | 숫자 **34** | = 46 |

| 문자 **'super'** | + | 문자 **'man'** | = 'superman' |

문자 사이에 있는 +는
'문자 연결하기' 의미

실행 결과

```
46
1234
8
```

ONE MORE THING!

다음 코드를 실행했을 때 결과가 어떻게 나올지 적어 보세요.

```
1   a = 'bat'
2   b = 'man'
3   a = a + b      # a는 'batman'
4   print(a * 3) # a를 3번 반복하기
```

실행 결과

```
batmanbatmanbatman
```

한 줄 띄기

다음과 같이 코드 실행 결과가 나오도록 코드의 빈칸을 완성하세요.

실행 결과

```
시은 우진 화이팅!!

시은 우진 화이팅!!
```

```
1  a = '시은 우진'
2  _____
3  print(a)
4  _____
5  print(a)
```

핵심 ≡ 잡기

- 문자열과 문자열을 연결해 다시 변수 a에 저장해야 합니다. 파이썬에서 print( ) 함수를 수행하고 나면 한 줄 띄기(new line) 명령이 포함되어 있습니다. 그러므로 print( ) 자체는 아무것도 출력하지 않고 한 줄 띄기만 수행합니다.

- 문자열 사이에 한 줄 띄기 문자(new line character, ₩n)를 입력하면 문자열을 출력하는 중간에 한 줄을 띄울 수 있습니다.

- print('시은₩n우진')을 수행해 보세요.

정답 ♀ 보기

```
1  a = '시은 우진'
2  a = a + ' ' + '화이팅!!'  # a = '시은 우진 화이팅!!'
3  print(a)
4  print()  # 한 줄 띄기
5  print(a)
```

입력받아 컴퓨터랑 대화하기 ———

이름과 나이를 키보드로 입력받은 값을 각각 변수 name과 age에 저장하고 다음과 같이 출력하는 코드를 작성하세요.

실행 결과

이름이 무엇인가요? **메이킷** ◀──
몇 살인가요? **17** ◀─────── 굵은 글씨는 사용자가 입력하는 부분입니다.
메이킷 님은 내년에는 18 살이 됩니다.

핵심 ≡ 잡기

- 키보드로 입력을 받아 변수에 저장하는 함수는 input( ) 함수입니다. input( ) 함수로 입력받은 자료형은 기본적으로 문자열 자료형이 됩니다. 즉, 키보드로부터 input( ) 함수를 통해 1을 입력받았다면 문자열 '1'을 입력받은 것입니다. 이를 숫자(정수 자료형)로 바꾸려면 int( ) 함수를 사용해서 자료형을 변환해야 합니다.

- 키보드 입력으로부터 문자열 10을 입력받고, 변수 a에 숫자 10으로 저장하려면 int( ) 함수를 사용해 정수 자료형으로 변환해야 합니다.

```
num = input()    # 10 입력, num은 문자열 '10'
num = int(num)   # 숫자 10으로 변경
```

위 코드 두 줄을 한 줄로 합치면 다음과 같습니다.

❶ input( )을 통해 키보드로부터 문자열을 입력받고 Enter를 칠 때까지 대기
❷ 입력받은 숫자 형태의 문자열을 정수 숫자로 변환
❸ 정수 숫자로 변환된 값은 변수 num에 저장

```
1   name = input('이름이 무엇인가요? ')      # name은 문자열 변수
2   age = int(input('몇 살인가요? '))       # age는 정수형 변수
3   print(name, '님은 내년에는', age+1, '살이 됩니다.')
```

두 수를 입력받아서 합과 평균 구하기

정수와 실수를 각각 변수 a, b에 입력받아 두 숫자의 합과 평균을 구하는 코드를 작성하세요.

실행 결과

```
# 입력
3
2.5

# 출력
a와 b의 합은 5.5
a와 b의 평균값은 2.75
```

핵심 ≡ 잡기

- 입력받은 결과는 문자열이므로 숫자로 사용하려면 자료형 변환을 해야 합니다. 정수는 int( ) 함수를, 실수는 float( ) 함수를 사용하면 됩니다.

- 키보드로 75.6을 입력받아 변수 a에 숫자 75.6을 저장하려면 실수 자료형 float로 변환해야 합니다.

- a = float(input())

정답 ♀ 보기

```
1   a = int(input())    # 키보드로부터 입력 문자열 받기
2   b = float(input())  # 키보드로부터 입력 문자열 받고 실수로 변환
3   c = a + b           # 합 구하기
4   d = c / 2           # 두 수의 평균 구하기
5
6   print('a와 b의 합은', c)
7   print('a와 b의 평균값은', d)
```

마라톤을 완주하는 코스의 길이는 42.195km입니다. 다음과 같이 출력하는 코드를
작성하세요.

실행 결과

> 거리를 얼마나 달려왔나요? km로 입력하세요: **12.5**
> 당신이 마라톤 완주를 하려면 앞으로 29.695 km 더 달려야 합니다.

문자열을 실수로 변환하기 위해서는 float를 사용합니다.

✔ 정답 코드

```
1  n = float(input('거리를 얼마나 달려왔나요? km로 입력하세요: '))
2  print('당신이 마라톤 완주를 하려면 앞으로', 42.195 - n, 'km 더
   달려야 합니다.')
```

문자열에서 하나의 문자 뽑아내기

makit 문자열 변수를 활용해 아래와 같은 실행 결과가 나오도록 코드의 빈칸을 완성하세요.

실행 결과

```
S
W
!
```

```
1   makit = 'Sieun Woojin!'
2   result = _____
3
4   print(result)
5   result = _____
6
7   print(result)
8   result = _____
9
10  print(result)
```

핵심 ≡ 잡기

- 문자열은 연속된 메모리 공간에 저장됩니다. 연속된 공간은 0번 방부터 시작합니다. 이렇게 0번, 1번, 2번과 같이 연속된 공간의 방 번호를 인덱스(index)라고 합니다.

- 인덱스를 사용하면 문자열을 구성하는 문자 하나하나에 접근할 수 있습니다. 예를 들어, a라는 변수가 'makit'이라는 문자열을 저장하고 있다면 문자 m은 a[0]에 저장되어 있습니다. 0부터 순서대로 1씩 증가하므로 맨 마지막 문자 k는 a[4]에 저장되어 있겠죠?

- 문자열의 마지막 문자를 접근하기 위해서는 맨 앞에 있는 0부터 시작해 '전체 문자 개수-1'로 접근할 수 있습니다.

- 마지막 문자에 접근하는 다른 방법은 인덱스 숫자 자리에 -1을 적는 것입니다. 그러므로 문자열 'makit'에서 t에 접근하기 위해서는 a[4]도 가능하고 a[-1]도 가능합니다.

정답 ⚥ 보기

```
1   makit = 'Sieun Woojin!'
2   result = makit[0]
3
4   print(result)
5   result = makit[6]
6
7   print(result)
8   result = makit[12]   # makit[-1]
9
10  print(result)
```

ONE MORE THING!

문자형 변수에서 특정한 글자를 꺼내오기 위해서는 문자형 변수의 인덱스를 사용합니다.

문자형 변수에서 특정한 글자만 꺼내오기

```
a = 'makit code lab'
```

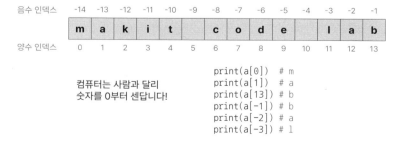

음수 인덱스	-14	-13	-12	-11	-10	-9	-8	-7	-6	-5	-4	-3	-2	-1
	m	a	k	i	t		c	o	d	e		l	a	b
양수 인덱스	0	1	2	3	4	5	6	7	8	9	10	11	12	13

컴퓨터는 사람과 달리
숫자를 0부터 센답니다!

```
print(a[0])   # m
print(a[1])   # a
print(a[13])  # b
print(a[-1])  # b
print(a[-2])  # a
print(a[-3])  # l
```

문자열에서 여러 문자 뽑아내기 ——

makit 문자열 변수를 활용해 아래와 같은 실행 결과가 나오도록 코드의 빈칸을 완성하세요.

실행 결과

```
eun Woo
Sieun
Woojin!
```

```python
1   makit = 'Sieun Woojin!'
2   _____
3   print(result)
4
5   _____
6   print(result)
7
8   _____
9   print(result)
```

핵심 = 잡기

- 문자열에서 부분 문자열을 뽑아낼 수 있습니다. 문자열 a = 'makit code lab'에서 문자열 일부인 code를 뽑아내려면 **[c의 인덱스 번호:e의 다음 인덱스 번호]**를 적으면 됩니다. 예를 들어 a[6:10]라고 하면 부분 문자열 code가 됩니다.

- 처음 인덱스 번호와 마지막 인덱스 번호는 생략할 수도 있습니다. 예를 들어 처음부터 시작해서 makit만 뽑아낸다면 a[0:5]도 가능하지만, a[:5]라고 해도 결과는 같습니다. 마찬가지로 lab은 a[11:]가 됩니다. 11번째 인덱스 문자부터 문자열 끝까지의 부분 문자열을 뽑아냅니다.

- a[:]는 무엇을 의미할까요? 처음부터 끝까지 문자열을 의미하므로 a 문자열 그 자체가 됩니다.

정답 ○ 보기

```
1   makit = 'Sieun Woojin!'
2   result = makit[2:9]
3   print(result)
4
5   result = makit[:5]  # makit[0:5]
6   print(result)
7
8   result = makit[6:]  # makit[6:13]
9   print(result)
```

문자형 변수에서 특정한 글자들을 꺼내 오기 위해서는 문자형 변수의 인덱스와
: (콜론)을 사용합니다.

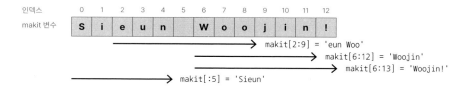

동쪽을 찾아라

makit 문자열 변수에는 '동서남북동서남북동서남북'이 저장되어 있습니다. makit 문자열 변수에서 '동'만 출력하는 코드를 작성하세요. 다음과 같이 코드 실행 결과가 나오도록 코드의 빈칸에 들어갈 내용을 채워서 완성하세요.

실행 결과

동동동

```
1   makit = '동서남북동서남북동서남북'
2   print(_____)
```

핵심 ≡ 잡기

- makit[:]은 '문자열의 처음부터 끝까지'를 의미합니다.
- makit[::2]의 의미는 처음부터 끝까지 문자열을 차례대로 이동하되, '처음 문자열부터 2칸씩 오른쪽으로 띄엄띄엄 이동하는 것'을 의미합니다.

정답 ♀ 보기

```
1   makit = '동서남북동서남북동서남북'
2   print(makit[::4])
```

ONE MORE THING!

'남남남'이라고 출력하는 코드를 작성하세요.

```
1  makit = '동서남북동서남북동서남북'
2  print(makit[2::4])
```

문자형 변수에서 특정한 글자만 패턴을 가지면서 하나씩 문자로 꺼내 올 때는 :(콜론)을 두 개 사용합니다.

makit = '동서남북동서남북동서남북'
print(makit[::4])

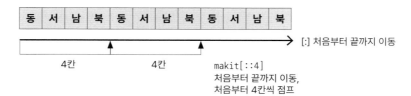

print(makit[2::4])

문자열 뒤집기

makit 문자열에 '동서남북'이라고 저장되어 있습니다. makit 문자열 변수를 뒤집어서 '북남서동'으로 출력하는 결과가 나오도록 코드의 빈칸을 완성하세요.

```
1    makit = '동서남북'
2    print(_____)
```

핵심 ≡ 잡기

- makit[:]은 문자열의 처음부터 끝까지를 의미합니다. 단 makit[::-1]라는 의미는 문자열의 맨 끝에서 맨 앞까지 차례대로 이동하는 것이고, 한 칸씩 왼쪽으로 이동하는 것을 의미합니다.

- 세 번째 값이 음수이면 문자열이 거꾸로(반대 방향으로) 이동합니다. 즉, 문자열의 맨 끝에서 맨 앞쪽으로 이동합니다. -1은 거꾸로 이동하면서 한 칸씩 점프한다는 의미입니다.

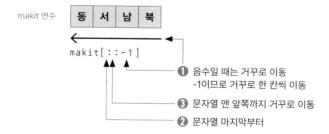

makit 변수

| 동 | 서 | 남 | 북 |

makit[::-1]

❶ 음수일 때는 거꾸로 이동
-1이므로 거꾸로 한 칸씩 이동

❸ 문자열 맨 앞쪽까지 거꾸로 이동

❷ 문자열 마지막부터

정답 ♀ 보기

```
1    makit = '동서남북'
2    print(makit[::-1])
```

문자열 바꾸기 ─────────

makit 문자열에 핸드폰 번호가 다음과 같이 저장되어 있습니다. '‒'를 '.'으로 변경해 다음과 같이 실행 결과가 나오도록 코드의 빈칸을 완성하세요.

실행 결과

```
010.1234.5678
```

```
1   phone = '010-1234-5678'
2   new_phone = _____
3   print(new_phone)
```

핵심 ≡ 잡기

문자열에서 특정 문자를 다른 문자로 변경할 때는 replace( ) 함수를 사용합니다. **문자열.replace(변경이전문자, 변경이후문자)** 형식으로 사용합니다.

정답 ⚬ 보기

```
1   phone = '010-1234-5678'
2   new_phone = phone.replace('-', '.')
3   print(new_phone)
```

ONE MORE THING!

name = 'makit code lab' 문자열 변수에서 소문자 a를 모두 대문자 A로 변경해 출력하는 코드를 작성하세요.

✔ 정답 코드

```
1   name = 'makit code lab'
2   name2 = name.replace('a', 'A')
3   print(name2)
```

참과 거짓 ──────────

아래와 같은 코드를 수행한 결과를 적어 보세요.

```
1   a = 10
2   b = 20
3
4   print(a < b)
5   print(a > b)
6   print(7 > 8)
7   print(7 < 8)
8   print(1 <= 1)
9   print(1 >= 2)
10  print(1 == 1)
11  print(1 == 2)
12  print(1 != 1)
13  print(1 != 2)
```

핵심 ≡ 잡기

- 숫자의 비교 결과는 참과 거짓으로 판단할 수 있습니다. 예를 들어 10이 1보다 큰지를 묻는 질문에는 '참'이라고 할 것입니다. 이렇게 참(True)과 거짓(False) 두 가지 정보를 갖는 자료형을 불 자료형(Boolean data type)이라고 합니다. print(10 > 5)은 10 > 5의 결과가 참(True)이므로 print(True)가 되어 실행 결과로 True를 출력합니다.

- a = 3이 수학에서는 'a는 3과 같다'는 의미입니다. 그러나 컴퓨터 과학에서 =는 대입 연산자로서 a = 3은 '3을 변수 a에 넣는다'라는 의미입니다. 컴퓨터 과학에서는 '같다'를 나타내는 연산자로 **==**를 사용합니다. 즉, a == 3 은 'a와 3이 같다'라는 의미입니다. 반대로 a != 3은 '같지 않다'를 의미하고, 같지 않은 경우에 True가 됩니다.

- a >= b 는 'a는 b보다 같거나 클 때', a <= b 는 'a 는 b보다 같거나 작을 때' True 가 됩니다.

1 == 2는 무엇이니?

'1과 2는 같다'는 거짓이므로 False입니다.

1 != 2는 무엇이니?

'1과 2는 같지 않다'는 참이므로 True입니다.

정답 ♀ 보기

실행 결과

```
True
False
False
True
True
False
True
False
False
True
```

ONE MORE THING!

팰린드롬은 거꾸로 읽어도 앞에서부터 차례대로 읽는 것과 같은 문장을 말합니다. 예를 들어 eye, kayak은 팰린드롬입니다. 다음은 팰린드롬인지 판별하는 코드입니다. 코드의 빈칸에 들어갈 내용을 채워서 완성해 보세요.

```
1   a = 'abbcbba'
2   b = _____
3   print('a는 팰린드롬입니다', a == b)  # 문장이 사실이면 True, 아니
        면 False 출력
4
5   c = 'abcab'
6   d = _____
7   print('c는 팰린드롬이 아닙니다', _____)
```

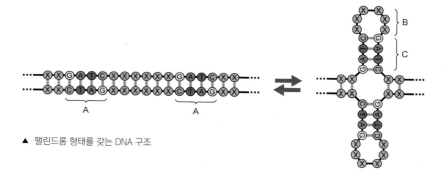

▲ 팰린드롬 형태를 갖는 DNA 구조

✔ 정답 코드

```
1   a = 'abbcbba'
2   b = a[::-1]
3   print('a는 팰린드롬입니다', a==b)
4
5   c = 'abcab'
6   d = c[::-1]
7   print('c는 팰린드롬이 아닙니다', c != d)
```

and, or 그리고 not 연산자 ──────

다음 코드를 실행한 결과를 적어 보세요.

```
1   a = 20
2   b = 30
3   print(a > 40 and b > 40)
4   print(a > 20 and b > 20)
5   print(a < 30 and b > 30)
6   print(a > 10 and b > 10)
7   print(20 > 40 or 30 > 40)
8   print(20 > 20 or 30 > 20)
9   print(20 < 30 or 30 > 30)
10  print(20 > 10 or 20 > 10)
11  print(a != b)
12  print(not(a != b))
```

핵심 ≡ 잡기

- and 연산자는 A and B와 같이 표현합니다. A와 B 모두 참인 경우에만 A and B 전체 결과가 True가 되고, 나머지 결과는 모두 False입니다.

- or 연산자는 A or B와 같이 표현합니다. A와 B 둘 중에 하나 이상 참이면 A or B 전체 결과가 True가 되고, 나머지 결과는 모두 False입니다.

- not 연산자의 not(True)는 False가 되고 not(False)는 True로, 참과 거짓을 반대로 바꾸는 연산자입니다.

- 여러 개의 True와 False의 관계를 통해 최종적으로 True와 False의 결과를 얻는 연산자 and, or, not을 논리 연산자(Logical operator)라고 합니다.

실행 결과

```
False
False
False
True
False
True
True
True
True
False
```

ONE MORE THING!

논리 연산자인 and, or, not을 사용해 다양한 논리 결과(참 또는 거짓)를 만들 수 있습니다.

❶		❷	❸
a	b	a and b	a or b
F	F	F	F
F	T	F	T
T	F	F	T
T	T	T	T

❹	
a	not a
T	F
F	T

❶ a와 b가 각각 논리식일 때 가능한 선택은 모두 4가지입니다.

❷ and 연산을 수행하면 a와 b가 모두 참일 때만 and 연산의 결과가 참이고 다른 경우는 모두 거짓입니다.

❸ or 연산을 수행하면 a 또는 b가 참일 때, 즉 a와 b 둘 중에 하나라도 참이라면 or 연산의 결과는 참이고 다른 경우는 거짓입니다.

❹ 참의 not은 거짓이고, 거짓의 not은 참이 됩니다.

T: True(참), F: False(거짓)

 **문제 017** # 1234초는 몇 분, 몇 초일까 ————

초를 입력하면 '몇 분 몇 초'로 환산해주는 코드를 다음과 같이 출력하도록 작성하세요.

실행 결과

초를 입력하세요:**1234** ◀——— 굵은 글씨는 사용자가 입력하는 부분입니다.
1234 초(sec)는 20 분(min) 34 초(sec)입니다.

핵심 ☰ 잡기

- 17/4의 결과는 물론 4.25입니다. 그러면 17을 4로 나눈 몫은 무엇일까요? 결과는 4입니다. 이와 같이 몫을 구하는 연산자는 **//**를 사용합니다. 예를 들어 17 // 4 = 4입니다. 17을 4로 나눈 나머지 값은 구하는 연산자는 **%**를 사용합니다. 즉, 17 % 4 = 1이 됩니다.

- 123초는 2분 3초입니다. 몫 연산자와 나머지 연산자를 사용해 계산해 보세요.

- n = 123으로 저장되어 있다면 n // 60의 결과는 2이고, n % 60의 결과는 3입니다.

정답 ○ 보기

```
1   n = int(input('초를 입력하세요:'))
2   m = n
3   a = m // 60
4   m = m % 60
5   print(n,'초(sec)는', a, '분(min)', m, '초(sec)입니다.')
```

7512분은 며칠, 몇 시간, 몇 분일까

다음과 같이 시간을 분 단위로 입력하면 며칠, 몇 시간, 몇 분으로 환산해서 출력하는
코드를 작성하세요.

실행 결과

```
분을 입력하세요:7512
7512 분은 5 일 5 시간 12 분입니다.
```

핵심 ≡ 잡기

몫을 구하는 연산자(//)와 나머지를 구하는 연산자(%)를 활용하세요. 일(day)로 변
환하고 나서 시간(hour)으로 다시 변환해야 합니다. 나머지 연산자를 어떻게 활용
하면 될지 생각해 보세요.

정답 ♀ 보기

```
1   n = int(input('분을 입력하세요:'))
2   m = n
3   a = m // (24*60)
4   m = m % (24*60)
5   b = m // 60
6   m = m % 60
7   c = m
8   print(n,'분은', a, '일', b, '시간', c, '분입니다.')
```

기차처럼 만드는 리스트 자료 저장

다음과 같이 코드 실행 결과가 나오도록 코드의 빈칸을 완성하세요.

실행 결과

```
['메이킷', '우진', '시은']
메이킷
우진
시은
```

```
1   a = ['메이킷','우진','시은']
2   print(_____)
3   print(_____)
4   print(_____)
5   print(_____)
```

핵심 ≡ 잡기

- 파이썬에서는 여러 개의 정보를 변수 하나에 묶어서 저장하기 위해 리스트(list)와 튜플(tuple)이라는 자료형을 사용합니다. 리스트는 여는 대괄호([ )와 닫는 대괄호( ]) 사이에 콤마(,)를 기준으로 자료를 순서대로 저장합니다.

- 리스트에 저장된 각 정보를 사용하는 방법은 문자열에서 사용한 인덱스 접근 방식과 비슷합니다. 예를 들어, mylist = [1, 2, 3]에서 mylist는 리스트 변수이고, 차례대로 숫자 1, 2, 3을 저장합니다. 첫 번째로 저장된 숫자 1에 접근하려면 mylist[0]과 같이 인덱스 0번부터 사용합니다.

- 리스트 a에서 a[-1]은 리스트의 마지막 정보를 의미합니다.

- 문자열처럼 리스트에서도 a[1:2] 형식을 사용할 수 있습니다.

```
1   a = ['메이킷','우진','시은']
2   print(a)
3   print(a[0])
4   print(a[1])
5   print(a[2])
```

인덱스	0	1	2
리스트 a	메이킷	우진	시은
리스트 자료 접근 변수	a[0]	a[1]	a[2]

리스트는 자료를 연속적으로 저장하며, 문자열과 마찬가지로 인덱스를 통해 각각의 자료에 접근해 사용합니다.

ONE MORE THING!

다음과 같이 코드 실행 결과가 나오도록 코드의 빈칸을 완성하세요.

```
1   a = '메이킷 '      # 문자 자료형 변수 a
2   b = ['메이킷']     # 리스트 자료형 변수 b
3   print(a[___])
4   print(b[0])
5   print(b[___])
```

실행 결과

```
킷
메이킷
메이킷
```

✔ 정답 코드

```
1   a = '메이킷'
2   b = ['메이킷']
3   print(a[2])   # 또는 print(a[-1])
4   print(b[0])
5   print(b[-1]) # 리스트에 한 개가 있을 때는 처음이 곧 마지막
```

리스트 순서를 정하는 인덱스 알아보기

다음과 같이 코드 실행 결과가 나오도록 코드의 빈칸을 완성하세요.

실행 결과

```
['메이킷', '우진']
['우진', '제임스', '시은']
['제임스', '시은']
['메이킷', '우진', '제임스', '시은']
```

```
1   a = ['메이킷','우진','제임스','시은']
2   print(_____)
3   print(_____)
4   print(_____)
5   print(_____)
```

핵심 ☰ 잡기

- 문자열에서 a[1:2]와 같이 부분 문자열을 추출했던 방법을 기억하나요? 리스트 에서도 같은 방법으로 부분 리스트를 추출할 수 있습니다.

- a = [1, 2, 3, 4]에서 2, 3을 뽑아내서 리스트 b를 만들려면 어떻게 해야 할까 요?

- b = a[1:3]과 같이 2가 위치한 인덱스 1과 3이 위치한 인덱스 2에서 1을 더한 값 인 3을 사용해 b라는 부분 리스트를 만들 수 있습니다.

정답 ♀ 보기

```
1   a = ['메이킷','우진','제임스','시은']
2   print(a[0:2])
3   print(a[1:])
```

```
4    print(a[2:])
5    print(a[:])
```

다음과 같이 코드 실행 결과가 나오도록 코드의 빈칸을 완성하세요.

실행 결과

```
['시은', '제임스', '우진', '메이킷']
['시은', '제임스', '우진', '메이킷']
```

```
1    a = ['메이킷','우진','제임스','시은']
2    print(a[_____])
3    print(a[_____])
```

✔ 정답 코드

```
1    a = ['메이킷','우진','제임스','시은']
2    print(a[-1:-5:-1])
3    print(a[::-1])
```

리스트 a

	0	1	2	3
	메이킷	우진	제임스	시은
-5	-4	-3	-2	-1

끝에서 맨앞까지 하나씩 이동

'메이킷'을 포함하므로
a[-1:-5:-1] 또는 a[::-1]

문자열에서 인덱스를 사용해 하나의 숫자나 문자 또는 문자들을 꺼내 왔듯이 리스트에서도 동일한 방식으로 리스트의 자료를 하나씩 각각 또는 자료들을 꺼내 와서 사용할 수 있습니다.

리스트 추가, 삭제하기

다음과 같이 코드 실행 결과가 나오도록 코드의 빈칸을 완성하세요.

실행 결과

```
['우진', '시은', '메이킷']
['우진', '시은']
```

```
1   a = ['우진','시은']
2   _____        # 리스트에 마지막 자료 추가
3   print(a)
4   _____        # 리스트의 마지막 자료 삭제
5   print(a)
```

핵심 ☰ 잡기

- 리스트의 맨 뒤에 자료(데이터)를 하나 추가할 때는 append( ) 함수를 사용합니다. **리스트이름.append(추가하고 싶은 자료)** 형식을 사용합니다.

- 리스트 맨 뒤에 있는 자료를 삭제할 때는 **del 리스트이름[삭제하고 싶은 자료의 위치]** 형식을 사용합니다. del은 delete(삭제하다)의 약자입니다.

- a = [ ]는 무엇일까요? 리스트이긴 한데 아직 아무것도 포함되어 있지 않는 빈 리스트이며, 공백 리스트(empty list)라고 합니다.

- a = [ ]처럼 공백 리스트가 있는 상태에서 a.append('메이킷')이라고 명령하면 결과가 어떻게 될까요? 직접 실행해 보세요.

- 리스트에서 del 명령어를 사용해 하나의 요소를 삭제했다면 삭제한 자료 뒤에 있는 자료들은 고무줄처럼 왼쪽으로 자동으로 붙어 리스트가 완성됩니다.

- 예를 들어, a = [1, 2, 3, 4, 5]에서 del a[2]를 수행해 3을 삭제한다면 a = [1, 2, 4, 5]와 같이 됩니다.

```
1   a = ['우진','시은']
2   a.append('메이킷')
3   print(a)
4   del a[2]
5   print(a)
```

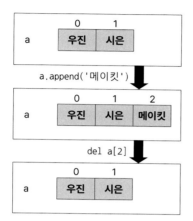

리스트에서는 append( ) 명령어를 사용해 리스트 a의 마지막에 자료를 추가할 수 있습니다. 또한, 인덱스와 del 명령어를 사용하면 원하는 위치에 있는 자료를 리스트에서 삭제할 수 있습니다.

리스트 원하는 위치에 삽입하기 —

다음과 같이 코드 실행 결과가 나오도록 코드의 빈칸을 완성하세요.

실행 결과

```
['우진', '하워드', '시은', '메이킷']
```

```
1   a = ['우진','시은','메이킷']
2   _____
3   print(a)
```

핵심 ≡ 잡기

- 리스트의 맨 뒤에 자료를 하나 추가할 때는 append( ) 함수를 사용했습니다. 리스트의 원하는 위치에 자료를 추가할 때는 insert( ) 함수를 사용합니다. **insert(위치, 자료)** 형식으로 사용하면 됩니다.

- a = ['메이킷', '소피아', '하워드', '제임스'] 리스트가 있을 때 '우진'을 리스트에 삽입하고 싶습니다. a.insert(숫자,'우진')을 사용해서 리스트에 삽입할 때 가능한 숫자는 모두 몇 개일까요?

- 가능한 숫자는 0부터 4까지입니다. 0과 4는 무엇을 의미하는지 생각해 보세요. 그리고 코드로 결과를 확인해 보세요.

- 코드를 보면 알 수 있듯이 0은 리스트의 맨 처음에, 4는 리스트의 끝에 삽입됩니다. 즉, 가능한 숫자는 0, 1, 2, 3, 4 모두 5개입니다.

```
1    a = ['우진','시은','메이킷']
2    a.insert(1,'하워드')
3    print(a)
```

인덱스   0   1   2

리스트 a | 우진 | 시은 | 메이킷 |

↑

이 위치에 '하워드' 삽입. '시은', '메이킷'은 뒤로 밀림

a.insert(1, '하워드')

↓ insert 명령어 수행 후

인덱스   0   1   2   3

리스트 a | 우진 | 하워드 | 시은 | 메이킷 |

append( ) 명령어는 리스트의 마지막에 자료를 추가합니다. 특정한 리스트 위치에 자료를 추가할 때는 insert( ) 명령어를 사용합니다.

리스트 합치기

다음과 같이 코드 실행 결과가 나오도록 코드의 빈칸을 완성하세요.

실행 결과

```
['우진', '시은', '메이킷', '소피아', '하워드']
['메이킷', '소피아', '하워드']
```

```
1    a = ['우진', '시은']
2    b = ['메이킷', '소피아', '하워드']
3    _____
4    print(a)
5    print(b)
```

핵심 ☰ 잡기

- 리스트와 리스트를 합치는 함수는 extend( ) 함수를 사용합니다. **리스트 1.extend(리스트2)** 형식으로 사용합니다. 주의할 점은 리스트1과 리스트2를 순서대로 붙이고, 이 결과가 곧 리스트1이 된다는 것입니다. 즉, 리스트1이 변경되어 확장되는 것입니다. 물론 리스트2는 변함이 없습니다.

- a = [1, 2, 3], b = [4, 5]와 같이 두 개의 리스트가 있을 때 b.extend(a)를 수행하면 a와 b는 각각 무엇이 될까요?

- a는 그대로이고 b는 확장된 리스트가 되어 [4, 5, 1, 2, 3]이 됩니다.

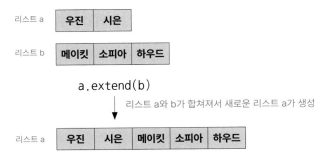

리스트 a | 우진 | 시은

리스트 b | 메이킷 | 소피아 | 하우드

a.extend(b)

리스트 a와 b가 합쳐져서 새로운 리스트 a가 생성

리스트 a | 우진 | 시은 | 메이킷 | 소피아 | 하우드

extend( ) 명령어를 사용해 두 리스트를 합칠 수 있습니다. 합쳐지는 리스트 중 앞의 것은 합쳐진 이후 새로운 결과 리스트가 됩니다. 즉, 리스트 a는 기존 리스트에서 새롭게 확장됩니다.

정답 ♀ 보기

```
1   a = ['우진','시은']
2   b = ['메이킷','소피아','하워드']
3   a.extend(b)
4   print(a)
5   print(b)
```

ONE MORE THING!

다음과 같이 코드 실행 결과가 나오도록 코드의 빈칸을 완성하세요.

실행 결과

```
['우진', '시은']
['메이킷', '소피아', '하워드', '우진', '시은']
```

```
1   a = ['우진', '시은']
2   b = ['메이킷', '소피아', '하워드']
3   _____          # 리스트 합치기
4   print(a)
5   print(b)
```

✔ 정답 코드

```
1   a = ['우진', '시은']
2   b = ['메이킷', '소피아', '하워드']
3   b.extend(a)
4   print(a)
5   print(b)
```

공백 리스트와 합치기

다음과 같이 코드 실행 결과가 나오도록 코드의 빈칸을 완성하세요.

실행 결과

```
['우진', '시은']
['우진', '시은', '메이킷', '소피아', '하워드']
```

```
1   a = ['우진','시은']
2   b = ['메이킷','소피아','하워드']
3   c = []
4   _____
5   print(c)  # ['우진','시은'] 출력
6   _____
7   print(c)  # ['우진','시은','메이킷','소피아','하워드'] 출력
```

핵심 = 잡기

• 리스트와 리스트를 합칠 때는 extend() 함수를 사용합니다. 공백 리스트 a = [
]와 리스트 b = [1, 2, 3]를 합치면, 리스트 b의 복사본이라 할 수 있는 결합된
리스트가 생성됩니다. 내용은 [1, 2, 3]이고 리스트 이름은 a가 됩니다.

• b = [1, 2, 3] 리스트가 있을 때 a = list(b)를 수행하면 위에서 수행한 결과
와 같습니다.

• list(b)를 통해 리스트 b와 동일한 리스트가 복사되어 새 리스트 a가 생성되는
것입니다.

```
1   a = ['우진','시은']
2   b = ['메이킷','소피아','하워드']
3   c = []
4   c.extend(a)  # c = list(a)
5   print(c)
6   c.extend(b)  # c = c + b
7   print(c)
```

ONE MORE THING!

다음과 같이 코드 실행 결과가 나오도록 코드의 빈칸을 완성하세요. 두 가지 방법으로 생각할 수 있습니다.

실행 결과

```
[1,2,3]
['makit', 'sophia']
[1,2,3,'makit', 'sophia']
```

```
1    a = [1, 2, 3]
2    b = ['makit', 'sophia']
3    c = []
4
5    _____  # 공백 리스트와 리스트 a를 붙여서 리스트 c 생성
6    _____  # 리스트 c와 리스트 b를 붙여서 새로운 리스트 c 생성
7
8    print(a)    # [1,2,3] 출력
9    print(b)    # ['makit', 'sophia'] 출력
10   print(c)    # [1,2,3, 'makit', 'sophia'] 출력
```

```
1   a = [1, 2, 3]
2   b = ['makit', 'sophia']
3   c = []
4
5   c.extend(a)    # 공백 리스트와 리스트 a를 붙여서 리스트 c 생성
6   c.extend(b)    # 리스트 c와 리스트 b를 붙여서 새로운 리스트 c 생성
7
8   print(a)
9   print(b)
10  print(c)
```

아래 정답 코드2는 + 를 사용해 a와 b를 붙여서 새로운 리스트 c를 생성하였습니다.

✔ 정답 코드2

```
1   a = [1, 2,3 ]
2   b = ['makit', 'sophia']
3   c = a + b # 리스트 a와 리스트 b를 붙여서 새로운 리스트 c 생성
4
5   print(a)
6   print(b)
7   print(c)
```

리스트의 길이 구하기

다음과 같이 코드 실행 결과가 나오도록 코드의 빈칸을 완성하세요.

실행 결과

```
리스트 a의 개수 즉 길이는 6
리스트 a의 숫자들의 평균은 5.5
```

```
1  a = [3, 7, 4, 5, 6, 8]
2  print('리스트 a의 개수 즉 길이는',_____)
3  print('리스트 a의 숫자들의 평균은',_____)
```

핵심 ☰ 잡기

- 리스트의 길이, 즉 리스트에 자료가 몇 개 있는지 알려주는 함수는 len( )입니다. **len(리스트이름)** 형식으로 사용하면 됩니다. 또한, 리스트에 현재 들어 있는 자료가 숫자 정보라면 **sum(리스트이름)**으로 리스트에 들어 있는 모든 숫자들의 합을 알 수 있습니다.

- 리스트의 값이 숫자라면 값의 평균을 구할 수 있습니다. 리스트 합에서 길이(개수)를 나누면 됩니다.

정답 ♀ 보기

```
1  a = [3, 7, 4, 5, 6, 8]
2  print('리스트 a의 개수 즉 길이는', len(a))
3  print('리스트 a의 숫자들의 평균은', sum(a)/len(a))
```

리스트 잘라내기(슬라이싱) ───────

다음과 같이 코드 실행 결과가 나오도록 코드의 빈칸을 완성하세요.

실행 결과

```
b : [1, 2, 3, 4, 5]
c : ['a', 'b', 'c', 'd', 'e']
d : [5, 'a']
e : [1, 3, 5, 'b', 'd']
f : [2, 4, 'a', 'c', 'e']
```

```
1   a = [1, 2, 3, 4, 5, 'a', 'b', 'c', 'd', 'e']
2
3   b = a[:5]
4   print('b :',b)
5
6   c = _____
7   print('c :',c)
8
9   d = _____
10  print('d :',d)
11
12  e = _____
13  print('e :',e)
14
15  f = _____
16  print('f :',f)
```

- 리스트에서 부분 리스트를 잘라내는 것을 리스트 슬라이싱(list slicing)이라고 합니다. 문자열에서와 같은 방법으로 리스트도 부분 리스트를 뽑을 수 있습니다.

- a[1, 2, 3, 4, 5]에서 a[2:4]를 하면 인덱스 2번에서 인덱스 4-1, 즉 인덱스 3까지 리스트를 슬라이싱합니다. 즉, a[n1:n2]를 실행하면 인덱스 n1부터 n2-1까지 리스트를 잘라내는 것입니다.

- a[:3]과 같이 콜론(:) 앞에 아무것도 적지 않으면 처음, 즉 인덱스 0부터 잘라내라는 의미입니다. 반대로 a[1:]과 같이 콜론(:) 뒤에 아무것도 적지 않으면 인덱스 1부터 리스트 a 끝까지 모두 잘라내라는 의미입니다.

- a[n1:n2:n3]는 리스트 n1에서부터 n2 직전까지 잘라내되 n3만큼 점프하면서 리스트를 잘라내라는 의미입니다. 예를 들어 a=[1, 2, 3, 4, 5, 6, 7, 8, 9, 10]에서 a[3:9:2]를 하면, 인덱스 3번부터 8번까지 추출하지만, 3→5→7과 같이 2칸씩 점프하면서 잘라냅니다. 즉, a[3:9:2]는 리스트 [4,6,8]이 됩니다.

```
1    a = [1, 2, 3, 4, 5, 'a', 'b', 'c', 'd', 'e']
2
3    b = a[:5]
4    print('b :',b)
5
6    c = a[5:]
7    print('c :',c)
8
9    d = a[4:6]
10   print('d :',d)
11
12   e = a[::2]
13   print('e :',e)
14
15   f = a[1::2]
16   print('f :',f)
```

인덱스와 : (콜론)을 사용해 리스트에서 슬라이싱(잘라내기)을 하여 새로운 리스트
를 만들 수 있습니다.

인덱스	0	1	2	3	4	5	6	7	8	9
리스트 a	1	2	3	4	5	6	7	8	9	10

❶ b = a[:3] # 처음부터 인덱스 2번까지 잘라내 리스트 b 만들기
  print(b) # [1, 2, 3] 출력

리스트 b	1	2	3

❷ c = a[5:] # 인덱스 5번부터 끝까지 잘라내 리스트 c 만들기
  print(c) # [6, 7, 8, 9, 10] 출력

리스트 c	6	7	8	9	10

❷ d = a[2::3] # 인덱스 2번부터 끝까지 가능하고, 2부터 시작하여 3씩 점프
  print(d) # [3, 6, 9] 출력

리스트 d	3	6	9

리스트 거꾸로 잘라내기 ———

a = ['형우', '윤진 ', '시은', '우진']과 같은 리스트가 있을 때 리스트 슬라이싱으로 리스트 순서가 거꾸로 바뀐 리스트를 생성해서 출력하세요. 아래 코드의 빈칸을 완성하세요.

```
1   a = ['형우', '윤진', '시은', '우진']
2   b = _____   # -1 인덱스부터 -4 인덱스까지 슬라이싱
3   print(b)
```

실행 결과

```
['우진', '시은', '윤진', '형우']
```

핵심 ≡ 잡기

- a[n1:n2:n3]는 리스트 n1부터 n2 직전까지 추출하되, n3만큼 점프하면서 리스트를 추출하라는 의미입니다. n3이 음수인 경우에는 n1부터 n2까지 왼쪽으로 이동하며 n3만큼 점프하면서 리스트를 추출하면 됩니다.

- a = [10, 20, 30, 40, 50, 60, 70, 80, 90, 100]이고, b = a[-1:-6:-2]라면 리스트 b는 [100, 80, 60]이 됩니다.

정답 ♀ 보기

```
1   a = ['형우', '윤진', '시은', '우진']
2   b = a[-1:-5:-1]   # -1 인덱스부터 -4 인덱스까지 슬라이싱
3   print(b)
```

실행 결과

['형우', '윤진', '시은', '우진']

위와 같은 결과가 나오도록 코드의 빈칸에 또 다른 방법을 생각해서 완성하세요.

```
1   a = ['우진', '시은', '윤진', '형우']
2   c = a[_____]  # 마지막 인덱스부터 처음 인덱스까지 차례대로 슬라이싱
3   print(c)
```

✔ 정답 코드

```
1   a = ['우진', '시은', '윤진', '형우']
2   c = a[::-1]  # 마지막 인덱스부터 처음 인덱스까지 차례대로 슬라이싱
3   print(c)
```

다음과 같이 코드 실행 결과가 나오도록 코드의 빈칸을 완성하세요.

실행 결과

```
메이킷 학생의 시험 점수는 95
우진 학생의 시험 점수는 100
시은 학생의 시험 점수는 98
```

```
1   a = [['메이킷', 95], ['우진', 100], ['시은', 98]]
2   print(_____,'학생의 시험 점수는', _____)
3   print(_____,'학생의 시험 점수는', _____)
4   print(_____,'학생의 시험 점수는', _____)
```

핵심 ≡ 잡기

- 리스트 안에는 숫자와 문자뿐만 아니라 또 다른 리스트가 들어갈 수 있습니다. a = ['메이킷', [1,2,3]]라는 리스트가 있다고 가정하면, 리스트에 들어간 자료는 콤마(,)를 통해 분리하므로 a[0]는 '메이킷' 문자열이 되고 a[1]은 리스트 [1, 2, 3]이 됩니다.

- a[1]은 리스트 [1,2,3]이라고 할 때, 이 안에 있는 1, 2, 3에 각각 접근하려면 어떻게 해야 할까요?

- a[1][0], a[1][1], a[1][2]을 통해서 1, 2, 3에 각각 접근할 수 있습니다.

정답 ♀ 보기

```
1   a = [['메이킷', 95], ['우진', 100], ['시은', 98]]
2   print(a[0][0],'학생의 시험 점수는', a[0][1])
3   print(a[1][0],'학생의 시험 점수는', a[1][1])
4   print(a[2][0],'학생의 시험 점수는', a[2][1])
```

리스트 a는 리스트 안에 각각의 자료로 리스트가 들어간 것입니다.

a[0]는 메이킷 95 와 같은 리스트입니다. a[0]를 리스트 c라고 가정하면 c[0]는 '메이킷'이고 c[1]은 95입니다. 리스트 c는 a[0]이므로 c[0]은 a[0][0]으로 안에 '메이킷'이 들어 있고, c[1]은 a[0][1]으로 95라는 숫자가 들어 있습니다.

b = ['메이킷', [1, 2, 3]]

리스트 b 안에는 문자열 자료형이 저장된 공간도 있고 리스트 자료형이 저장된 공간도 있습니다. 이렇게 하나의 리스트 안에는 다양한 자료형을 혼합해서 저장할 수도 있습니다.

리스트 안에 있는 문자로
하나의 문자열 만들기(join) ——

a = ['시은', '우진', '지훈', '지연']과 같이 우리 반 학생들의 이름이 저장된 리스트가 있습니다. 이 리스트의 문자열들을 연결(join)해 하나의 문자열을 만들려고 합니다. 다음과 같이 코드 실행 결과가 나오도록 코드의 빈칸을 완성하세요.

실행 결과

```
시은 우진 지훈 지연
```

```
1   a = ['시은', '우진', '지훈', '지연']
2   b = _____
3   print(b)
```

핵심 잡기

문자열로 구성된 리스트에서 문자열을 모두 연결할 때는 join()을 활용합니다. 문자와 문자 사이에 연결하려는 문자를 지정할 수 있습니다. 사용 형식은 다음과 같습니다.

문자열변수이름 = '문자와문자사이연결문자'.join(리스트)

정답 보기

```
1   a = ['시은', '우진', '지훈', '지연']
2   b = ' '.join(a)   # 이름과 이름을 공백을 두어 연결
3   print(b)
```

리스트 a의 각 이름을 join 명령어와 공백 문자(' ')로 연결해 하나의 문자열 b로
만들 수 있습니다.

```
a = ['시은', '우진', '지훈', '지연']
b = ' '.join(a)
              '시은' + ' ' + '우진' + ' ' + '지훈' + ' ' + '지연'
```

`print(b)`   # '시은 우진 지훈 지연' 출력

리스트 a의 각 이름을 join 명령어와 콤마(,)로 연결해 하나의 문자열 c를 만들 수
있습니다.

```
c = ','.join(a)
              '시은' + ',' + '우진' + ',' + '지훈' + ',' + '지연'
```

`print(c)`   # '시은,우진,지훈,지연' 출력

문자열 분리해 리스트 만들기(split)

a = '시은 우진 지훈 지연'과 같이 우리 반 학생들의 이름이 저장된 문자열이 있습니다. 공백이 나올 때마다 문자열을 분리해(split) 하나의 리스트를 만들려고 합니다. 다음과 같이 코드 실행 결과가 나오도록 코드의 빈칸을 완성하세요.

실행 결과

```
['시은', '우진', '지훈', '지연']
```

```
1    a = '시은 우진 지훈 지연'
2    b = _____
3    print(b)
```

핵심 ≡ 잡기

문자열을 단어와 단어로 분리할 때는 split를 사용합니다. 어떤 문자를 활용해 단어와 단어를 구분해야 하는지 문자를 지정해 사용합니다. 사용 형식은 다음과 같습니다.

리스트변수이름 = 문자열.split(단어사이를분리할문자)

정답 ♀ 보기

```
1    a = '시은 우진 지훈 지연'
2    b = a.split(' ')    # 공백으로 문자열을 분리하여 리스트 생성
3    print(b)
```

ONE MORE THING!

a = '시은 우진 지훈 지연'과 같은 문자열 변수가 있습니다. split( ) 함수와 콤마(,)를 사용해 문자를 나누어서 리스트 b를 (b = a.split(',')를 수행)와 같이 수행하여 생성하려고 합니다. 이런 경우에 b를 출력하면 어떤 결과가 나올지 생각해 보세요.

> [' 시은 우진 지훈 지연 ']

콤마(,)가 문자열에 포함되어 있지 않으므로 문자열 a는 나뉘지 않습니다. 따라서
문자열 자체가 하나의 리스트에 들어갑니다.

여러 개의 값 입력받기

세 개의 숫자를 입력받아 가장 작은 숫자를 출력하는 코드를 작성하세요.

실행 결과

```
# 입력
10 2 123


# 출력
2
```

핵심 ☰ 잡기

- input( ) 함수는 키보드로부터 입력받은 값을 문자열로 전환합니다. 예를 들어 사용자가 1 2 3이라고 입력하면 '1 2 3' 문자열로 전환합니다. 그러나 우리는 이 문자열을 세 개의 숫자로 각각 저장해야 하므로, split( ) 함수를 사용해 세 개의 원소로 나누어 리스트를 만듭니다. 즉, **input( ).split( )**을 실행한 후 키보드로 1 2 3을 입력한다면 결과는 ['1','2','3']이 나올 것입니다. 세 개로 나누었지만, 각 값은 숫자가 아닌 문자입니다.

- map( ) 함수는 리스트 원소들을 순서대로 일대일로 대응해 변수로 저장합니다.

- x, y = map(int, input( ).split( ))에서 map( ) 함수의 결과가 [10, 20]이라고 한다면 x = 10, y = 20이 됩니다.

- 숫자 중에 가장 작은 수를 구하는 함수는 min( ) 함수입니다. 예를 들어 min(3,10,1)을 실행하면 결과는 1이 나옵니다.

정답 ♀ 보기

```
1   a, b, c = map(int, input().split())
2   print(min(a, b, c))
```

문제 032 두 수 비교하기 ——————

다음과 같이 정수 두 개를 x, y로 입력받아 x가 y보다 크면 'makit'을, 작거나 같으면 'woojin'을 출력하는 코드를 작성하세요.

실행 결과

```
첫 번째 정수를 입력하세요:7
두 번째 정수를 입력하세요:10
woojin
```

핵심 ≡ 잡기

- 성적에 따라 학점이 여러 가지로 나뉘듯이, 코드를 작성하다가 여러 가지로 나누어서 일을 진행해야 할 때는 조건문 if를 사용해 갈림길을 만들 수 있습니다. 두 가지 갈림길로 만들기 위해서 if~else 조건문을 사용해 보세요.

- 파이썬은 들여쓰기에 민감한 프로그래밍 언어입니다. 즉, 들여쓰기가 올바로 되어 있지 않으면 오류가 발생합니다.

- if와 else는 들여쓰기가 같아야 합니다. 아래 그림에서 else는 들여쓰기가 한 칸 더 들어갔습니다. 이처럼 들여쓰기를 잘못하면 오류가 발생합니다.

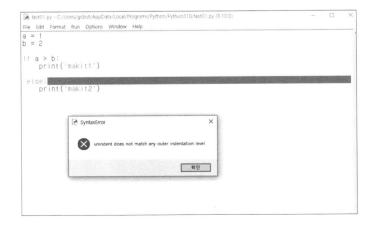

```
1   x = int(input('첫 번째 정수를 입력하세요:'))
2   y = int(input('두 번째 정수를 입력하세요:'))
3
4   if x > y:                    # x가 y보다 크다면 조건문은 참(True)
5       print('makit')
6   else:                       # 조건문이 거짓이라면
7       print('woojin')
```

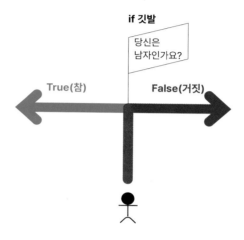

프로그램의 코드는 기본적으로 위에서 아래로, 코드를 작성한 순서대로 명령어의 흐름이 이어지면서 수행됩니다. 하지만 이렇게 위에서 아래로 흘러가기만 한다면 모든 복잡한 일들이 제대로 수행될 수 있을까요? 복잡한 일을 정확하게 수행하기 위해서는 명령어를 수행하는 과정에서, 의도에 따라 동작이 여러 갈래길로 나뉘어야 합니다. 그리고 나뉜 흐름에 따라서 명령어를 수행해야 합니다.

세 개의 수 비교하기

다음과 같이 정수 세 개를 a, b, c로 입력받아 홀수만 출력하는 코드를 작성하세요.

실행 결과

```
첫 번째 정수를 입력하세요:3
두 번째 정수를 입력하세요:8
세 번째 정수를 입력하세요:17
3
17
```

핵심 ≡ 잡기

- if 조건문이 참이라면 참일 때 실행하는 코드가 있고, 그것을 수행하면 됩니다. 하지만 if 조건문이 거짓인데 if 조건문과 짝인 else가 없다면 어떻게 수행할까요? 정답은 'if 조건문이 거짓이라면 아무것도 하지 않는다' 입니다.

- if 조건문이 같은 들여쓰기로 여러 개 있다면 각각의 if 조건문은 독립적입니다. 그래서 코드를 작성한 순서대로 독립적으로 실행합니다.

정답 ○ 보기

```python
1   a = int(input('첫 번째 정수를 입력하세요:'))
2   b = int(input('두 번째 정수를 입력하세요:'))
3   c = int(input('세 번째 정수를 입력하세요:'))
4   # 아래 3개 if 조건문은 각각 독립적인 if문입니다.
5   if a % 2 == 1:  # a 나누기 2의 나머지가 1이라면 True(참), 즉 홀수라면 참
6       print(a)
7   if b % 2 == 1:
8       print(b)
9   if c % 2 == 1:
10      print(c)
```

홀수 찾기

다음과 같이 정수 세 개를 a, b, c로 입력받아 홀수, 짝수를 구분해 출력하는 코드를
작성하세요.

실행 결과

```
첫 번째 정수를 입력하세요:3
두 번째 정수를 입력하세요:8
세 번째 정수를 입력하세요:17
3 홀수
8 짝수
17 홀수
```

핵심 ☰ 잡기

- 변수로 저장된 값이 홀수인지 판별하고, 홀수가 아니라면 짝수이므로 조건문 if~else를 사용하면 됩니다. 물론 각각의 변수는 독립적으로 홀수와 짝수를 판별해야 합니다.

- **if(조건 문장):** 의 형식과 같이 코드를 작성합니다. 조건 문장은 불(Boolean) 자료형으로 최종적으로 판별되어 조건문이 참(True)인지 거짓(False)인지를 알 수 있습니다.

- 그러므로 최종적으로 if(True) 또는 if(False)가 된다고 할 수 있습니다.

```
1    a = int(input('첫 번째 정수를 입력하세요:'))
2    b = int(input('두 번째 정수를 입력하세요:'))
3    c = int(input('세 번째 정수를 입력하세요:'))
4
5    if a % 2 == 1:        # a가 홀수라면
6        print(a, '홀수')
7    else:
8        print(a, '짝수')
9    if b % 2 == 1:        # b가 홀수라면
10       print(b, '홀수')
11   else:
12       print(b, '짝수')
13   if c % 2 == 1:        # c가 홀수라면
14       print(c, '홀수')
15   else:
16       print(c, '짝수')
```

ONE MORE THING!

if 조건문(condition)에 따라 명령어의 흐름이 나뉘어집니다. 조건문을 만족하면, 즉 조건문의 결과가 참(True)이라면 if 조건 문장을 실행하고 조건문을 완료합니다. 물론 조건문이 거짓(False)이라면 else 조건 문장을 실행하고 조건문을 완료합니다.

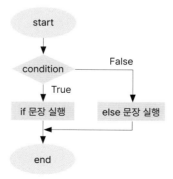

 **양수, 음수, 홀수, 짝수 구분하기** ─

다음과 같이 0 이외의 정수 한 개를 입력받아, 음수 또는 양수, 짝수 또는 홀수로 구분해 출력하는 코드를 작성하세요. and와 or 연산자를 사용해도 됩니다.

실행 결과

입력

-14

출력

음수이고 짝수

핵심 ≡ 잡기

- 조건문의 조건식이 여러 가지일 때 and와 or 연산자를 조합해서 사용합니다. 예를 들어 나이가 10살 이상이고 몸무게가 70kg 이상인 사람을 조건식으로 나타내면 if age >= 10 and weight >= 70: 으로 표현할 수 있습니다.

- if 조건문이 3개 이상이면 if~elif~else 조건식을 사용합니다. 물론 마지막 else는 앞에 모든 조건식이 만족하지 않았을 때 사용하는 것이므로 조건식이 없습니다. 마찬가지로 if 와 elif는 조건을 체크해야 하므로 모두 조건식이 존재합니다.

- and 와 or 연산자를 사용해 다중 조건을 한 줄에 입력하여 검사해도 되지만, 중첩 if문을 사용해서 코드를 작성해도 됩니다. 예를 들어 아래 두 코드는 같은 의미입니다.

```
# age가 10살 이상이고 weight가 70 이상일 때 참
if age >= 10 and weight >= 70:

if age >= 10:        # age가 10 이상이고
    if weight >= 70: # weight가 70 이상일 때
```

```
1    n = int(input())
2
3    if n > 0 and n % 2 == 0:
4        print('양수이고 짝수')
5    elif n > 0 and n % 2 == 1:
6        print('양수이고 홀수')
7    elif n < 0 and n % 2 == 0:
8        print('음수이고 짝수')
9    else:
10       print('음수이고 홀수')
```

ONE MORE THING!

위 문제에서 and와 or 연산자를 사용하지 않고 코드를 작성해 보세요.

✔ 정답 코드

```
1    n = int(input())
2
3    if n > 0:
4        if n % 2 == 0:
5            print('양수이고 짝수')
6        else:
7            print('양수이고 홀수')
8    elif n < 0:
9        if n % 2 == 0:
10           print('음수이고 짝수')
11       else:
12           print('음수이고 홀수')
```

and 연산은 두 개의 조건을 모두 만족할 때만 참인 연산이고, or 연산은 두 개의 조건 중 하나라도 만족하면 참인 연산입니다. 예를 들어, n의 수가 양수이면서 짝수인 수를 코드와 벤 다이어그램으로 표현하면 다음과 같습니다.

위 그림은 and 연산의 결과를 벤 다이어그램으로 나타낸 것입니다. 왼쪽 원에 있는 수는 양수이고, 오른쪽에 있는 수는 짝수들입니다. 가운데 2, 4 , 6, 8은 양수이면서 짝수인 수들입니다.

성적 결과 계산하기 ——

다음 실행 결과와 같이 코딩 과목의 시험 점수를 0점 이상~100점 이하의 값으로 입력받아 학점을 출력하는 코드를 작성하세요. 코딩 점수에 따른 학점은 아래와 같습니다.

- 90점 이상 : A학점
- 80점 이상 ~ 90점 미만 : B학점
- 70점 이상 ~ 80점 미만 : C학점
- 60점 이상 ~ 70점 미만 : D학점
- 60점 미만 : F학점

실행 결과

```
코딩 점수를 입력하세요:89
B학점
```

핵심 ≡ 잡기

- 코딩 점수에 따라 여러 가지로 나뉘어야 하므로 if~elif~else 조건문을 사용하면 됩니다. if 조건문이 위에서부터 순서대로 조건식을 만족하는지 체크하고, 만족하지 않을 때는 다음 조건식을 체크합니다. 만약 조건문을 만족했다면 그에 따른 명령어를 실행하고 전체 조건문은 완료됩니다.

- 90점 이상이면 A학점이고, 80점 이상 90점 미만이면 B학점을 얻습니다. 그렇다면 조건문 순서에 따라 효율적인 코드를 작성하려면 어떻게 해야 할지 생각해 보세요.

- 아래 두 코드 중 더 효율적인 코드는 무엇일까요? 왼쪽 코드에서 elif 조건문으로 명령이 내려왔다는 것은 이미 점수가 90점 미만인 것을 의미합니다. 그러므로 중복적으로 score < 90을 검사할 필요가 없습니다. 따라서 오른쪽과 같이 코드를 작성하는 것이 더 효율적입니다.

```
if score >= 90:
    print('A')
elif score >= 80 and score < 90:
    print('B')
```

```
if score >= 90:
    print('A')
elif score >= 80:
    print('B')
```

정답 ✗ 보기

```
1   n = int(input('코딩 점수를 입력하세요:'))
2   if n >= 90:
3       print('A학점')
4   elif n >= 80:
5       print('B학점')
6   elif n >= 70:
7       print('C학점')
8   elif n >= 60:
9       print('D학점')
10  else:
11      print('F학점')
```

ONE MORE THING!

이것 아니면 저것, 둘 중 하나만 선택하는 흑백 논리로 모든 일을 결정할 수는 없습니다. 여러 가지 조건을 물어보고 참인 조건식에 해당하는 코드를 수행할 수 있어야 합니다. 이렇게 여러 조건을 체크하기 위해서는 다중 조건문인 if~elif~else 구문을 사용합니다.

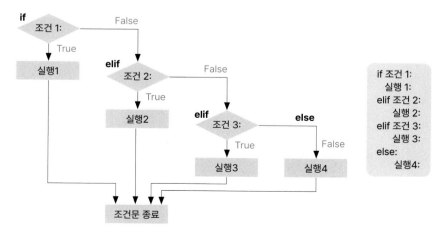

입력에 따라 친구 이름 출력하기 ─

m, j, w, s 입력에 따라 각각 makit, james, woojin, sieun을 출력하고 m, j, w, s 이외의 문자가 입력되면 howard를 출력하는 코드를 작성하세요.

실행 결과

```
# 입력

s


#출력
sieun
```

핵심 ≡ 잡기

파이썬은 다른 언어보다 쉽게 코드를 작성할 수 있다는 장점이 있습니다. 파이썬 코드를 쉽게 작성한다는 말에는 문자열 처리를 쉽게 하는 것도 포함됩니다. 문자열을 작은따옴표(' ') 또는 큰따옴표(" ") 사이에 감싸서 저장하고 == 연산자를 활용하면 문자열이 서로 같은지 쉽게 비교할 수 있습니다.

정답 ♀ 보기

```
1    n = input()
2
3    if n == 'm':
4        print('makit')
5    elif n == 'j':
6        print('james')
7    elif n == 'w':
8        print('woojin')
9    elif n == 's':
10       print('sieun')
11   else:
12       print('howard')
```

봄, 여름, 가을, 겨울

1~12까지 숫자를 입력하면 해당하는 달의 계절을 다음과 같이 출력하는 코드를 작성하세요. 각 월에 따른 계절은 아래 기준으로 코드를 작성하세요.

- *12월~2월 : 겨울*
- *3월~5월 : 봄*
- *6월~8월 : 여름*
- *9월~11월 : 가을*

실행 결과

```
몇 월 달인가요?8
여름
```

핵심 ☰ 잡기

- 조건식에서 어떤 하나라도 만족하면 참이 되어야 합니다. 이때 어떤 연산자를 사용하면 좋을지 생각해 보세요. 예를 들어 12월, 1월, 2월 중 어떤 숫자가 입력되어도 참이 되려면 조건식을 어떻게 만들어야 할까요?

```
# num이 1,2,3 숫자 중 하나라면 참
if num == 1 or num == 2 or num == 3:
    print("숫자는 1, 2, 3 중에 하나의 숫자입니다")
```

- if 조건문과 리스트의 만남을 활용하면 코드를 간결하게 표현할 수 있습니다. 예를 들어 아래와 같이 리스트와 조건문을 활용해서 표현할 수 있습니다.

```
if name == 'makit' or name == 'sieun' or name == 'woojin':
    print('I Love You')
```

```
if name in ['makit', 'sieun', 'woojin']:
    print('I Love You')
```

또는 아래와 같이 표현할 수도 있습니다.

```
love = ['makit', 'sieun', 'woojin'] # 리스트 생성
if name in love:                     # love 리스트 안에 name이 존재한다면 참
    print('I love You')
```

정답 ♀ 보기

```
1  n = int(input('몇 월 달인가요?'))
2  if n==12 or n==1 or n==2:
3      print('겨울')
4  elif n==3 or n==4 or n==5:
5      print('봄')
6  elif n==6 or n==7 or n==8:
7      print('여름')
8  else:
9      print('가을')
```

ONE MORE THING!

위 문제에서 조건문과 리스트를 활용해 코드를 작성하세요.

✔ 정답 코드

```
1  n = int(input('몇 월 달인가요?'))
2  if n in [12,1,2]:
3      pritn ('겨울')
4  elif n in [3,4,5]:
5      print('봄')
6  elif n in [6,7,8]:
7      print('여름')
8  else:
9      print('가을')
```

12월은 31일까지 있어요

다음과 같이 1~12까지 달을 입력받아서, 입력받은 달은 몇 일까지 있는지 출력하는 코드를 작성하세요. 참고로 각 달의 일수는 아래와 같으며, 윤년은 고려하지 않습니다.

- *2월: 28일*
- *4월, 6월, 9월, 11월: 30일*
- *1월, 3월, 5월, 7월, 8월, 10월, 12월: 31일*

실행 결과

```
몇 월인가요?12
12 월은 31일까지  있습니다

몇 월인가요?6
6 월은 30일까지  있습니다
```

핵심 ☰ 잡기

조건문과 리스트를 활용하여 효율적인 코드를 작성해 보세요.

정답 ○ 보기

```
1   n = int(input('몇 월인가요?'))
2
3   day30 = [4,6,9,11]
4
5   if n == 2:
6       print(n,'월은 28일까지  있습니다')
7   elif n in day30:
8       print(n,'월은 30일까지  있습니다')
9   else:
10      print(n,'월은 31일까지  있습니다')
```

메모이제이션(memoization)은 프로그래밍에서 동일한 계산이 반복될 때, 이전에 계산한 값 또는 알고 있는 정보를 리스트와 같은 자료구조에 저장함으로써 반복 수행을 없애 프로그래밍의 실행 속도를 높이는 기술입니다. 위 문제를 메모이제이션 기법과 비슷한 방법을 사용해 해결하는 코드를 작성하면 어떻게 될까요?

```
1   # 메모이제이션 방법을 활용한 코드
2   n = int(input('몇 월인가요?'))
3   day = [31, 28, 31, 30, 31, 30, 31, 31, 30, 31, 30, 31]
4   print(n,'월은', day[n-1],'일까지 있습니다')
```

```
f(1) = 0        f(6) = 5
f(2) = 1        f(7) = 8
f(3) = 1        f(8) = 13
f(4) = 2        f(9) = 21
f(5) = 3
```

◀ 메모하고 활용하자

우리가 알고 있는 값이나 어렵게 구한 값을 사용하고 버리는 것이 아니라, 위 그림처럼 메모장에 적어 놓습니다. 그러고 나서 나중에 같은 문제가 나오면 다시 문제를 푸는 것이 아닌 메모장에서 찾아서 답을 활용하는 방식이 '메모이제이션 기법'입니다. 이러한 기법은 동적 프로그래밍(Dynamic Programming) 알고리즘의 기본이 됩니다.

까다로운 놀이기구 I

놀이공원에 있는 어떤 놀이기구를 타려면 특별한 조건이 필요합니다. 이름이 m으로 시작하거나 키가 150cm 이상이고 170cm 미만이면 탈 수 있습니다. 그 외의 경우는 이 놀이기구를 탈 수 없습니다. 다음 두 가지 실행 결과 예시를 보고 놀이기구를 탈 수 있는 조건을 판별해 알려주는 코드를 작성하세요.

실행 결과

```
이름을 입력하세요:makit
키를 입력하세요:145.5
탈 수 있어요

이름을 입력하세요:sophia
키를 입력하세요:171.2
탈 수 없어요
```

핵심 ≡ 잡기

• and 연산자와 or 연산자를 조합해 다양한 조건으로 분류할 수 있습니다.

• 이름의 초성은 이름 문자열에서 첫 번째 인덱스에 저장되어 있습니다. 초성을 비교하려면 어떻게 해야 할까요?

정답 ♀ 보기

```
1   name = input('이름을 입력하세요:')
2   n = float(input('키를 입력하세요:'))
3   if name[0] == 'm' or n >= 150 and n < 170:
4       print('탈 수 있어요')
5   else:
6       print('탈 수 없어요')
```

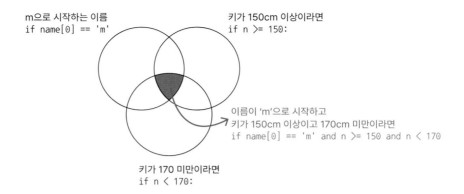

m으로 시작하는 이름
if name[0] == 'm'

키가 150cm 이상이라면
if n >= 150:

이름이 'm'으로 시작하고
키가 150cm 이상이고 170cm 미만이라면
if name[0] == 'm' and n >= 150 and n < 170

키가 170 미만이라면
if n < 170:

and, or 논리 연산을 벤 다이어그램으로 표현해 논리를 따져보면 조건이 어디에 속하는지 쉽게 판별할 수 있습니다.

까다로운 놀이기구 II

놀이공원에 있는 놀이기구를 타려면 특별한 조건이 있습니다. 키가 150cm 이상이고 170cm 미만이면 이 놀이기구를 탈 수 있습니다. 또는 키가 175cm 이상이고 180cm 이하면 탈 수 있습니다. 이 놀이기구를 탈 수 있는 조건을 판별하는 코드를 작성하세요.

실행 결과

```
키를 입력하세요:176
탈 수 있어요

키를 입력하세요:180
탈 수 있어요

키를 입력하세요:174
탈 수 없어요
```

핵심 ☰ 잡기

- and 연산자와 or 연산자를 조합하면 다양한 조건을 분류할 수 있습니다. 이때 연산자 우선순위를 조정하려면 연산 수식을 소괄호 ( ) 연산자로 감싸면 됩니다.

- 아래 수식에서는 소괄호 ( ) 연산자의 우선순위가 높기 때문에 1+2 수식부터 수행합니다.

```
print((1+2) * 3)
```

- 문제를 해결하기 위해서는 두 가지 조건 중에 하나만 만족하면 됩니다. 그러므로 첫 번째 조건 또는 두 번째 조건이라고 생각할 수 있습니다.

정답 ♀ 보기

```
1   n = float(input('키를 입력하세요:'))
2   if(n >= 150 and n < 170) or (n >= 175 and n <= 180):
3       print('탈 수 있어요')
4   else:
5       print('탈 수 없어요')
```

까다로운 놀이기구 Ⅲ

놀이공원 놀이기구를 타기 위해서는 특별한 조건이 있습니다. 성별이 여자이고 키가 150cm 이상, 170cm 미만이면 탈 수 있습니다. 또는 키가 5의 배수이면 탈 수 있습니다. 다음 실행 결과 예시를 보고 이 놀이기구를 탈 수 있는 판별 기준을 알려주는 코드를 작성하세요.

실행 결과

```
키를 입력하세요:174
성별을 입력하세요:여자
탈 수 없어요

키를 입력하세요:170
성별을 입력하세요:여자
탈 수 있어요

키를 입력하세요:145
성별을 입력하세요:여자
탈 수 있어요

키를 입력하세요:170
성별을 입력하세요:남자
탈 수 없어요
```

핵심 ≡ 잡기

and 연산자와 or 연산자를 조합하고, 어떤 연산자를 먼저 수행해야 논리적으로 올바른 참(True)과 거짓(False)이 나오는지 생각해 보세요. 여자만 탈 수 있고 두 가지 키 조건 중 하나만 만족하면 탈 수 있습니다.

```
1   n = float(input('키를 입력하세요:'))
2   m = input('성별을 입력하세요:')
3   if m == '여자' and ((n >= 150 and n < 170) or n % 5 == 0):
4       print('탈 수 있어요')
5   else:
6       print('탈 수 없어요')
```

터널 통과하기 I

높이가 150cm인 자동차가 있습니다. 목적지까지 가려면 3개의 터널을 지나가야 합니다. 그런데 터널의 높이가 자동차 높이보다 같거나 낮다면 자동차는 지나갈 수 없습니다. 터널의 높이가 차례대로 3개 주어질 때 자동차가 통과할 수 있는지 없는지 판별하는 코드를 작성하세요.

실행 결과

```
# 입력1
165 149 155
# 출력1
터널 통과 불가능

# 입력2
158 151 170
# 출력2
터널 통과 가능
```

핵심 ≡ 잡기

• 같은 결과를 만드는 코드라도 if 조건문을 효율적으로 사용하는 관점에서 생각해야 합니다. 자동차의 통과 가능 여부를 판별하는 문제에서 어떤 것을 판별하는 것이 효율적일까요?

• 통과가 가능한 경우는 어떤 조건일까요?

```
1    a, b, c = map(int, input().split())
2    if a > 150 and b > 150 and c > 150:
3        print('터널 통과 가능')
4    else:
5        print('터널 통과 불가능')
```

ONE MORE THING!

3개의 터널 중에서 높이가 가장 낮은 터널보다 자동차 높이가 낮다면 통과할 수 있습니다. 리스트에서 최솟값을 찾는 min( ) 함수를 활용해 코드를 작성해 보세요.

```
1    # 입력받은 것을 숫자로 변환해 리스트로 생성
2    tunnel = list(map(int, input().split()))
3    height = min(tunnel) # 가장 낮은 터널의 높이
4
5    if height > 150:
6        print('터널 통과 가능')
7    else:
8        print('터널 통과 불가능')
```

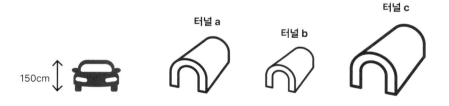

문제를 해결하기 위해서는 and 연산을 활용해 a > 150 and b > 150 and c > 150와 같이 조건을 판별하는 코드를 작성하면 됩니다. 또는 가장 작은 터널의 높이를 찾아 그 터널보다 높다면(그림에서 터널 b의 높이가 자동차의 높이보다 높다면) 모든 터널을 통과할 수 있다고 판별하는 방법도 있습니다.

올해는 윤년일까? Yes or No ──

2월이 29일까지 있는 해를 윤년이라고 합니다. 윤년의 조건은 연도가 4의 배수이면서 100의 배수가 아니거나 400의 배수인 경우입니다. 연도를 입력하고 입력한 연도가 윤년인지 아닌지 판별하는 코드를 작성하세요.

실행 결과

연도를 입력하세요 : **2345**
2345 년은 윤년이 아닙니다

연도를 입력하세요 : **2020**
2020 년은 윤년입니다

핵심 ≡ 잡기

- 아주 크고 복잡한 일이라도 하나하나 차근차근 나눠서 하면 해결할 수 있습니다. 마치 아주 복잡하게 엉킨 실을 풀듯이 말이죠. 언뜻 생각하면 코드로 작성하기 어려운 복잡한 문장도 차근차근 생각하면 참과 거짓으로 구분하면서 나눌 수 있으며 문제를 해결할 수 있습니다. 바로 이렇게 문제를 해결하는 방법을 컴퓨터 과학에서는 '분할 정복 알고리즘(Divide and Conquer algorithm)'이라고 합니다.

- 나누어서 정복하는 것은 코드 작성에만 해당되는 게 아닙니다. 어떠한 복잡하고 어려운 문제가 있다면 큰 문제를 작게 나누어서 하나하나 해결해 보세요. 그러다 보면 어느새 작은 문제들의 답이 모여 전체 문제를 해결할 수 있을 것입니다.

```
1    n = int(input('연도를 입력하세요:'))
2    if (n % 4 == 0 and n % 100 != 0) or n % 400 == 0:
3        print(n,'년은 윤년입니다')
4    else:
5        print(n,'년은 윤년이 아닙니다')
```

ONE MORE THING!

연도를 입력받으면 주어진 연도는 며칠인지 출력하는 코드를 작성하세요. 윤년이
아닌 해와 윤년인 해를 구분하면 며칠인지 코드를 작성하세요.

실행 결과

연도를 입력하세요:**2345**
2345 년은 365일입니다

연도를 입력하세요:**2020**
2020 년은 366일입니다

✔ **정답 코드**

```
1    n = int(input('연도를 입력하세요:'))
2    if (n % 4 == 0 and n % 100 != 0) or n % 400 == 0:
3        print(n,'년은 366일입니다')
4    else:
5        print(n,'년은 365일입니다')
```

주민등록번호 분석기

주민등록번호는 생년월일과 성별 정보를 포함합니다. 801223-123****는 80년 12월 23일 생일을 의미합니다. 이때 두 번째 숫자 리스트가 1 또는 2로 시작하면 1900년대에 출생한 사람을 의미하고, 1로 시작하면 남성, 2로 시작하면 여성을 의미합니다. 2000년대에 출생한 남성은 3으로 시작하고 여성은 4로 시작합니다.

주민등록번호가 입력되면 다음과 같이 주민등록에 포함된 정보를 출력하도록 코드를 작성하세요. 주민등록번호 입력 시 중간에 하이픈(-)을 포함해 입력합니다.

실행 결과

```
주민등록번호 입력 : 801223-1234567
남자 1980 년 출생


주민등록번호 입력 : 110503-3456789
남자 2011 년 출생
```

핵심 ≡ 잡기

- 변수를 초기화하고 조건문에 따라 변숫값을 유지하거나 변경하면서 코드를 작성할 수 있습니다. 초보자는 물론 코드 작성 경험이 많은 프로그래머도 실수를 많이 하는 것이 바로 변수를 초기화하지 않고 사용하는 것입니다. 오류가 발생하면 변수의 초깃값 설정이 잘 되었는지 확인해 보세요.

- 1900년대 또는 2000년대에서 연대 초깃값으로 선정하세요. 그리고 남자 또는 여자를 하나의 성별로 초깃값으로 설정한 뒤 조건문에 따라 초깃값 변수를 변경하면서 코드를 작성하세요.

- '110503-4567890' 와 같이 주민등록번호를 입력하면 맨 앞에 6개의 숫자는 태어난 연도와 태어난 달과 일을 표현합니다. 하이픈(-) 바로 뒤에 숫자가 4이므로 2000년 이후 출생한 여성을 의미합니다.

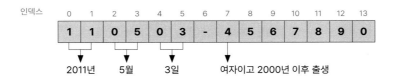

인덱스 0 1 2 3 4 5 6 7 8 9 10 11 12 13

1 1 0 5 0 3 - 4 5 6 7 8 9 0

2011년 5월 3일 여자이고 2000년 이후 출생

- 숫자와 문자 사이에 크기 비교 코드를 작성하면서 아래와 같은 에러가 종종 발생합니다.

TypeError: '<=' not supported between instances of 'str' and 'int '

이 오류는 str 문자열과 int 정수 사이에는 <= 비교 연산자를 사용할 수 없다는 의미입니다. 물론 문자와 숫자의 크기를 비교할 수 없습니다. 이러한 자료형 관련 에러(TypeError)가 나오면 우선 자료형 변환(type casting)에 문제가 없는지 살펴봐야 합니다. int(age)와 같이 문자형 숫자 변수 age를 숫자로 형 변환을 잘했는지, str(age)와 같이 숫자형 변수 age를 문자형 숫자로 잘 변환하고 사용하는지 확인이 필요합니다.

정답 ☿ 보기

```
1   n = input('주민등록번호 입력:')
2   # 1과 2로 시작하면 1900년대 태어난 사람
3   # 3과 4로 시작하면 2000년대 태어난 사람
4
5   century = 20
6   gender = 'male'
7
8   if int(n[7]) <= 2:
9       century = 19
10
11  if int(n[7]) % 2 == 0: # 짝수라면 참
12      gender = 'female'
13
14  if gender == 'male':
15      print('남자', str(century)+n[:2],'년 출생')
16  else:
17      print('여자', str(century)+n[:2],'년 출생')
```

 **문제 046** '도, 개, 걸, 윷, 모' 윷놀이 ————

윷놀이는 4개의 윷을 던져서 뒤집어진 상태에 따라 도, 개, 걸, 윷, 모 5가지 경우로 나누어 말을 이동하는 우리나라 전통 놀이입니다.

- 도 : 윷(막대) 1개가 뒤집어진 상태
- 개 : 윷(막대) 2개가 뒤집어진 상태
- 걸 : 윷(막대) 3개가 뒤집어진 상태
- 윷 : 윷(막대) 4개가 뒤집어진 상태
- 모 : 윷(막대) 하나도 뒤집어지지 않은 상태

다음과 같이 윷의 결과가 입력되었을 때 윷의 상태를 출력하는 코드를 작성하세요. 0은 윷이 뒤집어지지 않은 상태이고 1은 윷이 뒤집어진 상태입니다. 윷의 상태를 1과 0으로 입력할 때 공백을 기준으로 입력합니다. 예를 들어 '1 1 1 0'와 같이 입력하면 1이 3개이므로 '걸'을 의미합니다.

실행 결과

```
# 입력
1 1 1 0

#출력
걸
```

핵심 ≡ 잡기

- 문자열(str), 리스트(list), 집합(set), 튜플(tuple)과 같이 반복이 가능한 iterable 자료형에서 특정 문자 또는 문자열이 몇 개 포함되어 있는지 세어서 반환하는 count( ) 함수를 사용할 수 있습니다.

- input( ).split( )은 input( )을 통해서 생성된 문자열을 split( ) 함수를 사용해 공백으로 문자열을 구분하고 리스트로 반환합니다.

- 'woojin sieun james'.split( )의 결과는 ['woojin', 'sieun', 'james']입니다.

- **iterable자료형.count(문자 또는 숫자)** 형식으로 사용하며 iterable 자료형에서 문자 또는 숫자의 개수를 반환합니다.

- [1,1,1,2,1,3,4].count(1)의 결과는 4입니다.

정답 �X 보기

```
1   # 입력받은 문자열을 공백으로 구분해 문자열로 구성된 n 리스트 생성
2   n = input().split()
3   m = n.count('1') # n 리스트에서 1의 개수를 구해 m에 저장
4   if m == 1:
5       print('도')
6   elif m == 2:
7       print('개')
8   elif m == 3:
9       print('걸')
10  elif m == 4:
11      print('윷')
12  else:
13      print('모')
```

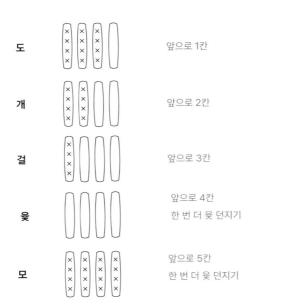

도		앞으로 1칸
개		앞으로 2칸
걸		앞으로 3칸
윷		앞으로 4칸 한 번 더 윷 던지기
모		앞으로 5칸 한 번 더 윷 던지기

표준 몸무게 알아보기

BMI(Body Mass Index)는 체질량 지수로, 비만도를 측정하는 지수입니다. BMI를 구하기 위해서는 키, 실제 몸무게 그리고 표준 몸무게를 알아야 합니다. 표준 몸무게와 BMI를 구하는 공식과 BMI 지수에 따른 비만도 측정 결과는 아래와 같습니다.

$$\text{BMI 지수} = \frac{\text{몸무게(kg)}}{\text{키(m)} \times \text{키(m)}}$$

- 저체중: 18.5 미만
- 정상: 18.5~22.9
- 과체중: 23~24.9
- 경도 비만: 25~29.9
- 고도 비만: 30 이상

예를 들어 키가 185cm이고 몸무게가 80kg이라면 BMI 지수는 $\frac{80}{1.85 \times 1.85} = 24.7$이 됩니다.

다음과 같이 키, 몸무게를 차례대로 입력을 했을 때 BMI 지수에 따른 비만도 판정 결과를 알려주는 코드를 작성하세요.

실행 결과

```
# 입력1
185 80
# 출력1
BMI 지수는 23.37472607742878 이고 과체중입니다

# 입력2
170 64
# 출력2
BMI 지수는 22.145328719723185 이고 정상 체중입니다
```

실생활에서 사용할 수 있는 다양한 판단 기준을 찾아보고, 코드를 작성해 보면 코딩이 더욱 가깝고 재미있게 느껴질 것입니다.

```
1   height, weight = map(float, input().split())
2
3   height = height / 100      # cm를 m로 단위 변환
4   bmi = weight / (height*height)
5
6   if bmi < 18.5:
7       print('BMI 지수는',bmi,'이고 저체중입니다')
8   elif bmi <= 22.9:
9       print('BMI 지수는',bmi,'이고 정상 체중입니다')
10  elif bmi <= 24.9:
11      print('BMI 지수는',bmi,'이고 과체중입니다')
12  elif bmi <= 29.9:
13      print('BMI 지수는',bmi,'이고 경도 비만입니다')
14  else:
15      print('BMI 지수는',bmi,'이고 고도 비만입니다')
```

ONE MORE THING!

고혈압, 정상 혈압, 1기 고혈압, 2기 고혈압 판정 기준이 아래와 같을 때, 수축기 혈압과 이완기 혈압을 입력하면 혈압 상태를 알려주는 코드를 작성해 보세요.

분류	수축기 혈압(mmHg)	연결 조건	이완기 혈압(mmHg)
정상	120 미만	그리고	80 미만
고혈압 전 단계	120~139	또는	80~89
1기 고혈압	140~159	또는	90~99
2기 고혈압	160 이상	또는	100 이상

✔ 정답 코드

```
1   n = int(input('수축기 혈압을 입력하세요:'))
2   m = int(input('이완기 혈압을 입력하세요:'))
3
4   if n < 120 and m < 80:
5       print('정상 혈압입니다')
6   elif n >= 120 and n <= 139 or m >= 80 and m <= 89:
7       print('고협압 전 단계입니다')
8
9   elif n >= 140 and n <= 159 or m >= 90 and m <= 99:
10      print('1기 고혈압입니다')
11
12  elif n >= 160 or m >= 100:
13      print('2기 고협압입니다')
```

문제 048 삼각형 만들기 ━━━━━━━

삼각형은 세 개의 직선으로 이루어집니다. 하지만 아래와 같은 조건을 만족해야 합니다.

가장 길이가 긴 변이 c일 경우
a + b > c를 만족

세 개의 직선 길이가 입력으로 주어진다면 삼각형을 만들 수 있는지 아닌지를 판단하는 코드를 작성하세요.

실행 결과

```
# 입력1
3 2 4
# 출력1
삼각형 가능

# 입력2
5 9 3
# 출력2
삼각형 불가
```

핵심 잡기

• 문제를 해결하기 위한 코드는 다양하게 작성할 수 있습니다. 이 문제는 리스트를 활용해서 풀어보세요. 우선 삼각형의 세 변의 길이를 입력받습니다. 입력받은 세 개의 변을 리스트에 저장하면 가장 큰 변의 길이가 몇 인지 쉽게 알 수 있습니다. 이렇게 저장된 리스트를 통해서 가장 긴 변과 나머지 두 변의 길이의 합을 비교하는 코드를 활용해 문제를 해결하세요.

```
for i in range(1, 11):  ❶
    print(i)
                         ❷
```

❶ i가 1~10까지 변경되면서 반복
❷ 반복하면서 i를 출력

▲ for i in range( ) 반복문 동작 Ⅰ

```
for i in range(start, end, step):
    print(i)
```

• start: i값 시작
• end: i값 end-1까지 가능
• step: i 시작 값부터 step만큼 증가

▲ for i in range( ) 반복문 동작 Ⅱ

정답 ♀ 보기

```
1   for i in range(1, 11):
2       print(i)
3   print('발사!')
```

ONE MORE THING!

• for 반복문을 사용해 7부터 15까지 출력하는 코드를 작성해 보세요.

• for 반복문을 사용해 7부터 35까지, 3씩 증가하는 숫자를 출력하는 코드를 작성
해 보세요.

✔ 정답 코드 1

```
1   # 7부터 15까지 반복
2   for i in range(7, 16):
3       print(i)
```

✔ 정답 코드 2

```
1   # 7에서 35까지 7부터 시작해 3씩 증가
2   for i in range(7, 36, 3):
3       print(i)
```

로켓 발사 II

다음과 같이 1부터 10까지 출력하고 '발사!'라고 출력하는 코드를 while 반복문을 사용해 작성하세요.

실행 결과

```
1
2
3
4
5
6
7
8
9
10
발사!
```

핵심 ≡ 잡기

- while 반복문은 for 반복문과 같이 반복적으로 일을 수행할 때 사용합니다.

- **while 조건식**: 형식으로 코드를 작성하며 조건식이 참이면 반복문을 계속 수행하고 조건식이 거짓이면 반복문을 탈출합니다.

- for 반복문과 while 반복문은 반복적으로 일을 수행하는 관점에서 거의 비슷한 것 같지만 조금 차이가 있습니다.

- for 반복문은 반복문을 '몇 번' 수행하라는 것이라고 생각할 수 있습니다. 예를 들어 반복문을 10번 수행하라는 의미입니다.

- while 반복문은 '언제까지' 수행하라는 것이라고 생각할 수 있습니다. 즉, 조건을 만족한다면 반복문을 계속 수행하고 조건을 만족하지 않으면 반복문을 멈춘다는 의미입니다.

```
1    i = 1              # 반복 변수 i 초깃값
2    while i < 11:      # 반복 조건
3        print(i)
4        i += 1         # i 증가
5
6    print('발사!')
```

```
i = 0          # 반복 변수 초깃값
while 조건식:

    ...
    ...
    i += 1    # 반복 변수 증가 또는 감소
```

◀ while 반복문 구조

ONE MORE THING!

• while 반복문을 사용해서 7부터 15까지 출력하는 코드를 작성해 보세요.

• while 반복문을 사용해서 7부터 35까지 3씩 증가하는 숫자를 출력하는 코드를 작성해 보세요.

✔ 정답 코드1

```
1    n = 7              # 반복문 초깃값
2    while n < 16:      # 반복 조건
3        print(n)
4        n += 1         # 반복하면서 1씩 증가
```

✔ 정답 코드2

```
1    n = 7              # 반복문 초깃값
2    while n < 36:      # 반복 조건
3        print(n)
4        n += 3         # 반복하면서 3씩 증가
```

로켓 발사 10초 전

다음과 같이 숫자를 입력받아 1까지 카운트다운하고 마지막에 '발사!'라고 출력하는
코드를 for 반복문을 사용해 작성하세요.

실행 결과

```
카운트다운 몇 초 전인가요?10
10
9
8
7
6
5
4
3
2
1
발사!
```

핵심 ☰ 잡기

- for 반복문 range를 사용해 반복문에서 사용하는 변수의 값이 하나씩 줄어들도
  록 코드를 작성하세요.

- for i in range(n, m, step):에서 step의 값이 음수라면 숫자 n부터 숫자 m+1
  까지 step 만큼 줄어들면서 i에 값이 할당됩니다.

    - for i in range(5, 0, -1): 문장에서 i는 5부터 하나씩 줄어들어서 1까지 가
      능합니다. 즉, i는 차례대로 5, 4, 3, 2, 1이 되면서 반복문을 5번 수행합니다.

    - for i in range(7, 2, -2): 문장에서 i는 7부터 2씩 줄어들면서 3까지 가능
      합니다. 즉, i는 차례대로 7, 5, 3이 되면서 반복문을 3번 수행합니다.

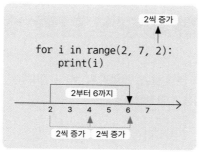

▲ for range 증가

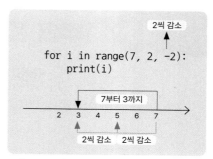

▲ for range 감소

정답 ♀ 보기

```
1   n = int(input('카운트다운 몇 초 전인가요?'))
2   for i in range(n, 0, -1):  # n부터 1씩 감소하면서 1까지 반복
3       print(i)
4   print('발사!')
```

ONE MORE THING!

위의 문제를 while 반복문을 활용해서 작성해 보세요. 또한, for 반복문을 사용해 35부터 25까지 2씩 감소하는 수를 출력하는 코드를 작성해 보세요.

✔ 정답 코드1

```
1   n = int(input('카운트다운 몇 초 전인가요?'))
2   while n > 0:    # 반복 조건
3       print(n)
4       n -= 1      # n이 1씩 감소
5   print('발사!')
```

✔ 정답 코드2

```
1   for i in range(35, 24, -2):  # 35부터 25까지 2씩 감소
2       print(i)
```

1부터 100까지 모두 합한 수 I

다음과 같이 1보다 같거나 큰 수를 입력받은 뒤 1부터 입력받은 수까지의 합을 구하는 코드를 for 반복문을 사용해 작성하세요.

실행 결과

```
# 입력
10


# 출력
1부터 10 까지 모두 더한 합은 55
```

핵심 ≡ 잡기

- for 반복문을 수행하면서 반복할 때마다 변경되는 변숫값을 더하면서 문제를 해결할 수 있습니다.

- 숫자를 더한 누적 결괏값을 저장하기 위해서는 for 반복문이 시작되기 전에 변수를 만들어야 하고, 변수의 초깃값을 0으로 설정해야 합니다.

- sum += i와 같이 반복문 안에서 누적 결괏값 sum에 추가로 값 i를 더합니다. for 반복문을 활용해 누적 합을 구하는 동작 원리는 다음과 같습니다.

```
sum = 0        sum = sum + i
===============================================
i = 1          sum = 0 + 1     sum 값이 1
i = 2          sum = 1 + 2     sum 값이 3
i = 3          sum = 3 + 3     sum 값이 6
i = 4          sum = 6 + 4     sum 값이 10
i = 5          sum = 10 + 5    sum 값이 15
i = 6          sum = 15 + 6    sum 값이 21
i = 7          sum = 21 + 7    sum 값이 28
i = 8          sum = 28 + 8    sum 값이 36
i = 9          sum = 36 + 9    sum 값이 45
i = 10         sum = 45 + 10   sum 값이 55
```

```
1   n = int(input())
2   sum = 0                          # 변수 초기화
3   for i in range(1, n+1):  # 1부터 n까지 i 값이 변경
4       sum += i
5   print('1부터',n,'까지 모두 더한 합은',sum)
```

ONE MORE THING!

'369 게임'은 숫자가 3, 6, 9로 끝나는 경우에 박수를 한 번씩만 치는 게임입니다.
369 게임을 1부터 100까지 진행하는 동안 박수를 친 횟수는 총 몇 번인지 구하는
코드를 for 반복문을 사용해 작성하세요.

✔ 정답 코드

```
1   cnt = 0                                    # 박수 횟수 초깃값
2   for i in range(1, 101):                    # 1부터 100까지
3       i = str(i)                             # 숫자를 문자열로 변경
4       # 문자열의 마지막 문자 비교
5       if i[-1]=='3' or i[-1]=='6' or i[-1]=='9':
6           print('박수치는 숫자',i)
7           cnt += 1                           # 박수 횟수 1 증가
8
9   print(cnt)                                 # 박수 누적 최종값
```

1부터 100까지 모두 합한 수 II ——

다음과 같이 1보다 같거나 큰 수를 입력받고 1부터 입력받은 수까지의 합을 구하는 코드를 while 반복문을 사용해 코드를 작성하세요.

실행 결과

```
# 입력
10

# 출력
1부터 10까지 모두 더한 합은 55
```

핵심 ≡ 잡기

- while 반복문을 수행하면서 반복할 때마다 변경되는 변숫값을 더해가면서 문제를 해결할 수 있습니다.

- while 반복문에 사용되는 변숫값은 while 반복문 시작 전에 초기화해야 합니다.

- while 반복문을 수행하면서 변숫값이 직접 증가 또는 감소해야 합니다.

정답 ♀ 보기

```python
1    n = int(input())
2    sum = 0 # sum 변숫값 초기화
3    i = 0    # while 반복 변숫값 초기화
4
5    while i <= n:
6        sum += i
7        i += 1
8
9    print('1부터',n,'까지 모두 더한 합은',sum)
```

369 게임을 1부터 100까지 진행할 동안 박수를 친 횟수는 총 몇 번인지 구하는 코드를 while 반복문을 사용해 작성하세요.

✔️ **정답 코드**

```
1    cnt = 0 # 박수 횟수 초깃값
2    i = 1
3
4    while i < 101:
5        j = str(i)
6        if j[-1] == '3' or j[-1] == '6' or j[-1] == '9': # 문자열
    의 마지막 문자 비교
7            print('박수치는 숫자',i)
8            cnt += 1 # 박수 친 횟수 1 증가
9        i += 1
10
11   print(cnt)        # 박수 누적 최종 값
```

369 게임을 응용해 숫자에 3, 6, 9가 포함된 경우 포함된 개수만큼 박수를 친다고 합시다. 1부터 100까지 진행하는 동안 박수를 친 횟수는 모두 몇 번인지 구하는 코드를 for 반복문을 사용해 작성하세요. 예를 들어 13일때는 박수를 한 번 치고 33, 63과 같은 수에서는 박수를 두 번 칩니다.

✔️ **정답 코드**

```
1    # for 반복문 사용하기
2    cnt = 0                    # 박수 친 횟수 초깃값
3
4    for i in range(1, 101):   # i가 1부터 100까지 반복
5        i = str(i)             # 숫자 i를 문자열 i로 변경
6        for j in i:            # 문자열 i에 대해 자릿수마다 반복
7            if j == '3' or j == '6' or j == '9': # 자릿수 값이 3 또
        는 6 또는 9라면
8                cnt += 1        # 박수 친 횟수 1 증가
```

```
 9
10   print('1부터 100까지 진행한 369 게임에서 박수 친 횟수
     는', cnt, '번입니다.')
```

실행 결과

1부터 100까지 진행한 369 게임에서 박수 친 횟수는 60 번입니다.

음수가 나올 때까지 반복하기 ——

다음과 같이 입력된 수가 0보다 크거나 같은 수이면 입력된 수를 출력하도록 반복하고, 음수가 입력되면 프로그램을 종료하는 코드를 while 반복문을 사용해 작성하세요.

실행 결과

```
숫자를 입력하세요 10
입력된 숫자는 10
숫자를 입력하세요 7
입력된 숫자는 7
숫자를 입력하세요 100
입력된 숫자는 100
숫자를 입력하세요 -1
종료합니다
```

핵심 ≡ 잡기

- while 반복문을 무한 수행하면서 특정 조건을 만나면 반복문을 중단하고 빠져나오도록 해야 합니다. 반복문을 빠져 나올 때는 break 키워드를 사용합니다.

- **while True:** 는 무한 반복문을 의미합니다.

- 반복문에서 break를 만나면 바로 반복문을 깨고 밖으로 빠져나옵니다.

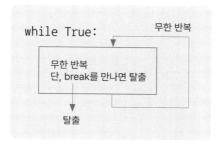

```
1   while True:
2       n = int(input('숫자를 입력하세요 '))
3       if n >= 0:
4           print('입력된 숫자는', n)
5       else:
6           print('종료합니다')
7           break
```

ONE MORE THING!

다음과 같이 이름을 입력하면 인사를 하는 코드를 작성하세요. 단, 'end'라고 입력
하면 인사를 종료합니다.

실행 결과

이름을 입력하세요 **메이킷**
안녕하세요 메이킷 님
이름을 입력하세요 **우진**
안녕하세요 우진 님
이름을 입력하세요 **시은**
안녕하세요 시은 님
이름을 입력하세요 **end**
종료합니다

while 반복문을 무한반복으로 수행하면서 while 반복문을 언제, 어떻게 빠져나올
까 생각해 보세요.

✔ 정답 코드

```
1   while True:
2       name = input('이름을 입력하세요 ')
3       if name != 'end':
4           print('안녕하세요', name,'님')
5       else:
6           print('종료합니다')
7           break
```

옆으로 출력하기

다음과 같이 1부터 10까지 공백을 포함해서 한 줄로 출력하는 코드를 작성하세요.

실행 결과

```
1 2 3 4 5 6 7 8 9 10
```

핵심 ≡ 잡기

print( )는 출력하고 나서 '한 줄 띄기'를 기본적으로 수행합니다. 즉, 개행 문자 (new line character)가 포함되어 있습니다. 한 줄 띄기를 하지 않으면 출력하고 나서 현재 출력하려는 위치를 바로 옆으로 이동해야 합니다. 이런 경우에 end 키워드를 사용합니다.

```python
print('makit')
print('woojin')
```

위 코드는 makit을 출력하고 나서 한 줄을 띄우고 woojin을 출력합니다. 반면에 아래 코드는 makit을 출력하고 한 줄을 띄우지 않고, 현재 출력하고자 하는 위치가 마지막 출력된 문자의 바로 옆이 됩니다.

```python
print('makit', end = '')
print('woojin')
```

실행 결과

```
makitwoojin
```

다음과 같이 작은따옴표 사이에 공백 문자를 넣으면 makit을 출력하고 공백을 붙이고 woojin을 출력합니다.

```
print('makit', end = ' ')
print('woojin')
```

```
makit woojin
```

또한, 다음과 같이 작은따옴표 안에 문자(*)를 넣으면 makit을 출력하고 * 문자를 붙이고 woojin을 출력합니다.

```
print('makit', end = '*')
print('woojin')
```

```
makit*woojin
```

요약하면, end = ' '에서 작은따옴표 안에 입력된 문자 또는 문자열을 출력하고 다음 print 명령문이 바로 연결되는 것입니다. 물론, 사이에 공백을 넣어주면 공백을 포함해서 출력합니다.

정답 ♀ 보기

```
1   for i in range(1, 11):
2       print(i, end = ' ')
```

makit$$$maki$$$makit$$$와 같이 출력하도록 다음 코드를 완성하세요.

```
1  a = 'makit'
2
3  for i in range(3):
4      print(              )
```

✔ 정답 코드

```
1  a = 'makit'
2
3  for i in range(3):
4      print('makit', end = '$$$')
```

"1+2+3+4+5= 15"

다음과 같이 양의 정수 두 개를 입력받아 첫 번째 입력받은 숫자부터 두 번째 입력받은 숫자까지의 합을 구하는 코드를 작성하세요. 단, 두 번째 숫자는 첫 번째 숫자보다 큰 숫자를 입력해야 합니다.

실행 결과

```
첫 번째 숫자를 입력하세요1
두 번째 숫자를 입력하세요10
1+2+3+4+5+6+7+8+9+10= 55
```

핵심 ≡ 잡기

print( )에서 end를 활용하면 옆으로 출력할 수 있습니다. 계속 값을 더하기 위해서는 변수와 초깃값이 필요합니다.

정답 ♀ 보기

```
1   n1 = int(input('첫 번째 숫자를 입력하세요'))
2   n2 = int(input('두 번째 숫자를 입력하세요'))
3   sum = 0          # 누적 합 변수 sum 초기화
4
5   for i in range(n1, n2 + 1):
6       sum += i     # 누적해서 더하기
7       if i != n2: # 두 번째 숫자에 도달하지 않았다면
8           print(i, end = '+')
9       else:        # 두 번째 숫자에 도달하면
10          print(i, end = '')
11  print('=', sum) # 최종 누적 합 결과 출력
```

위의 문제를 while 반복문을 활용한 코드로 바꿔 보세요.

✓ 정답 코드

```
1   n1 = int(input('첫 번째 숫자를 입력하세요'))
2   n2 = int(input('두 번째 숫자를 입력하세요'))
3   sum = 0                          # 누적 합 변수 sum 초기화
4
5   while n1 <= n2:                   # while 반복문 조건
6       sum += n1                     # n1 값 누적
7       if n1 != n2:                  # n1이 n2에 도달하지 못한 경우
8           print(n1, end = '+')      # n1+를 출력
9       else:                         # n1이 n2에 도달한 경우 n1 출력하고
10          print(n1, end = '')       # 다음 출력은 n1 바로 옆으로 이동
11      n1 += 1                       # 반복 진행을 할 때마다 n1은 1 증가
12  print('=', sum)                   # 누적 합 출력
```

짝수들만 합하기

다음과 같이 양의 정수 두 개를 입력받아 첫 번째 입력받은 숫자부터 두 번째 입력받은 숫자까지 짝수들만의 합을 구하는 코드를 작성하세요. 단, 두 번째 숫자는 첫 번째 숫자보다 큰 숫자를 입력해야 합니다.

실행 결과

```
첫 번째 숫자를 입력하세요1
두 번째 숫자를 입력하세요10
1부터 10까지 짝수들만의 합은 30
```

핵심 ≡ 잡기

for 반복문 또는 while 반복문을 수행하면서 반복문 안에서 if 조건문을 활용해 내가 원하는 조건만을 선택하면서 코드를 수행할 수 있습니다.

정답 ♀ 보기

```
1    n1 = int(input('첫 번째 숫자를 입력하세요'))
2    n2 = int(input('두 번째 숫자를 입력하세요'))
3    sum = 0
4
5    for i in range(n1, n2 + 1):
6        if i % 2 == 0: # i가 짝수라면
7            sum += i    # 짝수인 i 값만 sum에 더해진다
8    print(n1,'부터',n2,'까지 짝수들만의 합은' ,sum)
```

1부터 100까지의 숫자들 중에서 짝수이고, 5의 배수가 아닌 숫자들만의 합을 구해 출력하는 코드를 작성하세요.

✔ 정답 코드

```
1    sum = 0
2    for i in range(1, 101):        # 1부터 100까지 반복
3        if i%2 == 0 and i%5 != 0:  # 짝수이고 5의 배수가 아니라면
4            sum += i               # 누적 합 구하기
5
6    print(sum)                     # 누적 결과 출력
```

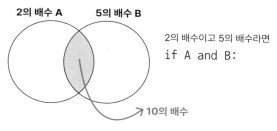

▲ and 연산 벤 다이어그램으로 표현

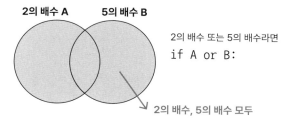

▲ or 연산 벤 다이어그램으로 표현

독특한 삼각뿔 주사위, 이중 반복문

1부터 4까지 숫자가 적힌 삼각뿔 모양 주사위와 4부터 7까지 숫자가 적힌 삼각뿔 모양 주사위가 있습니다. 삼각뿔 주사위를 던져서 나온 숫자는 밑면에 적힌 숫자로 정합니다. 두 주사위를 순서대로 던졌을 때 나올 수 있는 숫자와 두 주사위의 합, 그리고 두 주사위를 던져서 나올 수 있는 눈의 경우의 수를 다음과 같이 출력하는 코드를 작성하세요.

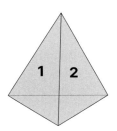

▲ 삼각뿔 주사위의 예

핵심 ☰ 잡기 이중 for 반복문을 사용해 문제를 해결할 수 있습니다. 각각의 for 반복문에서 사용하는 변수의 값이 어떤 숫자가 되어야 하는지 생각해 보세요.

실행 결과

```
첫 번째 주사위 값 1 두 번째 주사위 값 4 주사위 합 5
첫 번째 주사위 값 1 두 번째 주사위 값 5 주사위 합 6
첫 번째 주사위 값 1 두 번째 주사위 값 6 주사위 합 7
첫 번째 주사위 값 1 두 번째 주사위 값 7 주사위 합 8
첫 번째 주사위 값 2 두 번째 주사위 값 4 주사위 합 6
첫 번째 주사위 값 2 두 번째 주사위 값 5 주사위 합 7
첫 번째 주사위 값 2 두 번째 주사위 값 6 주사위 합 8
첫 번째 주사위 값 2 두 번째 주사위 값 7 주사위 합 9
첫 번째 주사위 값 3 두 번째 주사위 값 4 주사위 합 7
첫 번째 주사위 값 3 두 번째 주사위 값 5 주사위 합 8
```

첫 번째 주사위 값 3 두 번째 주사위 값 6 주사위 합 9
첫 번째 주사위 값 3 두 번째 주사위 값 7 주사위 합 10
첫 번째 주사위 값 4 두 번째 주사위 값 4 주사위 합 8
첫 번째 주사위 값 4 두 번째 주사위 값 5 주사위 합 9
첫 번째 주사위 값 4 두 번째 주사위 값 6 주사위 합 10
첫 번째 주사위 값 4 두 번째 주사위 값 7 주사위 합 11
가능한 첫 번째 두 번째 주사위의 경우의 수 16

정답 ♀ 보기

```
1   cnt = 0
2   for i in range(1, 5):        # 첫 번째 주사위 가능한 숫자
3       for j in range(4, 8): # 두 번째 주사위 가능한 숫자
4           print('첫 번째 주사위 값', i, '두 번째 주사위 값', j, '
    주사위 합', i+j)
5           cnt += 1
6   print('가능한 첫 번째 두 번째 주사위의 경우의 수', cnt)
```

ONE MORE THING!

메이킷, 우진, 시은 3명으로 구성된 모둠에서 회장이 한 명 선출되고 지훈, 지연,
하워드, 소피아 4명으로 구성된 모둠에서 부회장이 선출됩니다. 선출 가능한 경우
의 수를 다음과 같이 출력하는 코드를 작성하세요.

실행 결과

회장 메이킷 부회장 지훈
회장 메이킷 부회장 지연
회장 메이킷 부회장 하워드
회장 메이킷 부회장 소피아
회장 우진 부회장 지훈
회장 우진 부회장 지연
회장 우진 부회장 하워드
회장 우진 부회장 소피아
회장 시은 부회장 지훈

회장 시은 부회장 지연
회장 시은 부회장 하워드
회장 시은 부회장 소피아

✔ **정답 코드**

```
1    a = ['메이킷','우진','시은']              # 첫 번째 모둠 리스트로 저장
2    b = ['지훈','지연','하워드','소피아']        # 두 번째 모둠 리스트로 저장
3    num = 1                              # 경우의 수 초기화
4
5    for i in range(len(a)):              # 3번 반복
6        for j in range(len(b)):          # 4번 반복
7            print(num, '회장', a[i],'부회장', b[j])
8            num += 1                     # 경우의 수 1 증가
```

RGB로 색깔 표현하기 ━━━━━

컴퓨터에서는 색깔을 표현하기 위해서 RGB를 사용합니다. R은 빨간색(RED), G는 초록색(GREEN), B는 파란색(BLUE)입니다. RGB는 빨간색, 초록색, 파란색 각각 256개의 색으로 분류할 수 있습니다. 예를 들어, 빨간색은 아주 옅은 빨간색부터 아주 짙은 빨간색까지 256개로 나뉩니다. 이와 같을 때 컴퓨터에서 사용 가능한 색깔은 모두 몇 가지인지를 구하는 코드를 작성하세요.

실행 결과

```
가능한 색깔 개수는 16777216
```

핵심 ≡ 잡기

• 물론 수학적으로 문제를 해결해 print(256*256*256)으로 작성할 수도 있지만, 다중 for 반복문을 사용해 문제를 해결해 보세요.

• RGB 색 모형은 빛의 삼원색을 이용해 색을 표현하는 방식입니다. 빨강, 초록, 파랑 세 종류의 광원을 이용해 색을 혼합하며 다양한 색을 표현합니다.

정답 ♀ 보기

```python
1   color = 0                        # 가능한 색깔의 개수 초깃값
2   for i in range(256):             # Red의 개수
3       for j in range(256):         # Green의 개수
4           for k in range(256):     # Blue의 개수
5               color += 1
6   print('가능한 색깔 개수는', color)
```

1부터 6까지 숫자가 적힌 주사위 3개를 던졌을 때 세 주사위의 숫자 합이 7이 되는 경우를 다음과 같이 모두 출력하는 코드를 작성하세요.

◀ 3개의 주사위 던져서 7을 만들자

실행 결과

```
첫 번째 주사위 1 두 번째 주사위 1 세 번째 주사위 5
첫 번째 주사위 1 두 번째 주사위 2 세 번째 주사위 4
첫 번째 주사위 1 두 번째 주사위 3 세 번째 주사위 3
첫 번째 주사위 1 두 번째 주사위 4 세 번째 주사위 2
첫 번째 주사위 1 두 번째 주사위 5 세 번째 주사위 1
첫 번째 주사위 2 두 번째 주사위 1 세 번째 주사위 4
첫 번째 주사위 2 두 번째 주사위 2 세 번째 주사위 3
첫 번째 주사위 2 두 번째 주사위 3 세 번째 주사위 2
첫 번째 주사위 2 두 번째 주사위 4 세 번째 주사위 1
첫 번째 주사위 3 두 번째 주사위 1 세 번째 주사위 3
첫 번째 주사위 3 두 번째 주사위 2 세 번째 주사위 2
첫 번째 주사위 3 두 번째 주사위 3 세 번째 주사위 1
첫 번째 주사위 4 두 번째 주사위 1 세 번째 주사위 2
첫 번째 주사위 4 두 번째 주사위 2 세 번째 주사위 1
첫 번째 주사위 5 두 번째 주사위 1 세 번째 주사위 1
```

✔ **정답 코드**

```python
for i in range(1, 7):          # 첫 번째 주사위 숫자 1부터 6
    for j in range(1, 7):      # 두 번째 주사위 숫자 1부터 6
        for k in range(1, 7):  # 세 번째 주사위 숫자 1부터 6
            if i+j+k == 7:
                print('첫 번째 주사위', i, '두 번째 주사위',
    j, '세 번째 주사위', k)
```

사각형 별 찍기

다음과 같이 *를 출력하는 코드를 for 반복문을 사용해 작성하세요.

실행 결과

```
****
****
****
****
```

핵심 잡기

- 이중 반복문을 활용해 해결할 수 있습니다. for 반복문을 중첩해서 사용하되 두 번째 for 반복문에서 ****를 한 줄에 출력하고, 첫 번째 for 반복문에서는 ****를 네 번 출력하는 것입니다. 물론 ****를 모두 출력하고 나서는 한 줄을 띄어야 합니다.

- print( )는 아무것도 찍지 않습니다. 기본적으로 한 줄 띄기를 포함합니다.

정답 보기

```
1   for i in range(4):              # 4행에 걸쳐 * 출력
2       for j in range(4):          # 각 행마다 4개의 열
3           # *를 출력하고 마우스 커서를 오른쪽으로 한 칸 이동하기
4           print('*', end = '')
5       print()                     # 마우스 커서 한 줄 띄기
```

삼각형 별 찍기 I ————

다음과 같이 *를 출력하는 코드를 for 반복문을 사용해 작성하세요. 이중 for 반복문을 사용해서 코드를 작성하세요.

실행 결과

```
*
**
***
****
*****
```

핵심 ☰ 잡기

- 여러 가지 방법으로 문제를 해결할 수 있습니다. *가 찍힌 패턴을 활용해서 문제를 해결해 볼까요? 어떠한 경우에 *를 출력하는지 생각해 보세요.

- 첫 번째 줄에는 1개의 별, 두 번째 줄에는 2개의 별, 세 번째 줄에는 3개의 별을 출력하는 패턴으로 진행됩니다. 총 다섯 줄에 걸쳐서 *를 출력하므로, 첫 번째 반복문에서 5번 반복하고 두 번째 반복문에서 차례대로 *를 1번, 2번, 3번, 4번, 5번 출력하도록 반복문을 작성해야 합니다.

정답 ♀ 보기

```
1    for i in range(5):          # 반복문 5번 수행
2        # 반복문 차례대로 변수 i값이 0, 1, 2, 3, 4로 변경
3        for j in range(i + 1):
4            print('*', end = '') # *를 출력하고 옆으로 이동
5        print()
```

위 문제를 for 반복문 하나만 사용해 문제를 해결하는 코드입니다. 아래 빈칸을 완성하세요.

```
1    for i in range(1,6):
2        print(_____)
```

✔ 정답 코드

```
1    for i in range(1,6):
2        print('*' * i)
```

대각선 별 찍기

다음과 같이 *를 출력하는 코드를 for 반복문을 사용해 작성하세요.

실행 결과

```
 *
  *
   *
    *
     *
```

핵심 ≡ 잡기 여러 가지 방법으로 문제를 해결할 수 있습니다. 하나의 해결 방법을 생각해 볼까요? 우선 *가 찍힌 패턴을 찾아보세요. 어떤 경우에 *를 출력하는지 생각해 보세요.

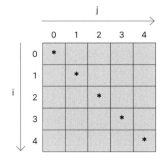

```
for i in range(5):
    for j in range(5):
```

그림과 같이 i, j 의 값이 같은 경우에만 *을 출력합니다. i와 j의 index가 같은 경우와 아닌 경우를 구분해서 코드를 작성해 보세요.

```
1    for i in range(5):                    # 5행에 걸쳐 * 출력
2        for j in range(5):                # 각 행마다 6개의 열
3            if i == j:                    # 인덱스가 같다면
4                # * 출력하고 마우스 커서 오른쪽으로 한 칸 이동
5                print('*', end = '')
6            else:
7                # 인덱스가 같지 않다면 공백 출력하고 마우스 커서 오른쪽으로 한 칸 이동
8                print(' ', end = '')
9        print()                           # 한 줄 띄기
```

삼각형 별 찍기 II

다음과 같이 *를 출력하는 코드를 이중 for 반복문을 사용해 작성하세요.

실행 결과

```
*****
****
***
**
*
```

핵심 ≡ 잡기

- 첫째 줄에는 별을 5개, 둘째 줄에는 4개, 이렇게 한 개씩 줄어들면서 별을 출력합니다. 두 번째 for 반복문에서 반복하는 값을 설정하는 변수 j와 첫 번째 for 반복문 변수 i와의 관계를 찾아보세요.

- i가 0일 때 j는 5가 되고, i가 1일 때 j는 4가 됩니다. 마지막 줄에서 i는 4가 되고 j는 1이 됩니다.

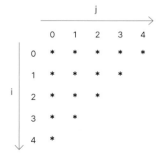

	i	j
첫째 줄	0	별 5개 출력
둘째 줄	1	별 4개 출력
셋째 줄	2	별 3개 출력
넷째 줄	3	별 2개 출력
다섯째 줄	4	별 1개 출력

▲ i와 j의 관계를 사용하여 별 출력

```
1  for i in range(5):                    # 다섯 줄에 걸쳐 반복
2      # j는 i값을 활용해 5번, 4번, 3번, 2번, 1번 반복
3      for j in range(5-i, 0, -1):
4          print('*', end = '')
5      print()                           # 한 줄 띄기
```

삼각형 별 찍기 Ⅲ

다음과 같이 *를 출력하는 코드를 for 반복문을 사용해 작성하세요.

실행 결과

```
  *
 ***
*****
```

핵심 ☰ 잡기

- 3개의 줄에 걸쳐서 공백과 *를 출력하는 관점에서 생각해 보세요. 또한, 반복을 위한 변수를 생성하면서 공백과 *의 관계를 생각해 코드를 작성해 보세요.

- 첫째 줄에는 공백 두 개를 출력하고, *를 한 개 출력합니다. 둘째 줄에는 공백 한 개를 출력하고, *를 세 개 출력합니다. 마지막 세 번째 줄에는 공백을 출력하지 않고(공백을 0개 출력하고), 바로 * 다섯 개를 출력합니다.

정답 ♀ 보기

```
1   j = 0
2   for i in range(1, 4):        # i는 1,2,3
3       print(' ' * (3-i), end='') # 반복을 위한 변수 i
4       print('*' * (i+j))         # *를 각 줄마다 i+j개 출력
5       j += 1                     # j값 1 증가
```

X 모양 별 찍기

다음과 같이 *를 출력하는 코드를 for 반복문을 사용해 작성하세요.

실행 결과

```
*         *
  *       *
    *     *
      * *
      **
      **
      * *
    *     *
  *       *
*         *
```

핵심 = 잡기

• 우선 몇 줄에 걸쳐서 *가 출력되는지 세어 보세요. 그리고 각 줄의 번호와 * 출력 사이에 어떤 패턴이 있는지 수학적으로 생각해 보세요.

• 10개의 줄(행)에 걸쳐서 10개의 열에 * 또는 공백을 출력하는 것이므로 이중 for 반복문을 사용합니다. 왼쪽에서 오른쪽, 오른쪽에서 왼쪽으로 대각선에 해당 하는 부분에 * 를 출력하기 위해서는 이중 for 반복문을 위한 반복 변수 i와 j 값을 활용해야 합니다. 물론 여러 가지 방법으로 문제를 해결할 수 있습니다. 다양한 방법으로 생각해 보고 코드를 작성해 보세요.

```
1   for i in range(10):          # 10행
2       for j in range(10):      # 10열
3           if i==j or i+j==9:   # i, j 인덱스가 같거나 i+j 합이 9일때 * 출력
4               print('*', end='')
5           else:
6               print(' ', end='') # 아니라면 공백 출력
7       print()                   # 한 줄 띄기
```

for 반복문과 문자열의 만남 ———

다음과 같이 문자열을 입력받아서 문자열에 포함된 문자 중 'a' 문자는 제외하고 출력하는 코드를 작성하세요.

실행 결과

```
하나의 문자열을 입력하세요:apple makit woojin james sieun
pple mkit woojin jmes sieun
```

핵심 ≡ 잡기

for 반복문은 문자열 또는 리스트와 만났을 때 기존에 사용하던 range 방식과 다른 방법으로 사용할 수 있습니다. 문자열에서는 반복을 진행하면서 각 문자에 차례대로 접근할 수 있어 효율적입니다.

```
1   # 반복문은 문자열 길이만큼 진행하고
2   # 변수 i는 차례대로 'm', 'a', 'k', 'i', 't'가 됩니다.
3   for i in 'makit':
4       print(i)
```

정답 ♀ 보기

```
1   mystring = input('하나의 문자열을 입력하세요:')
2
3   for i in mystring:
4       if i != 'a':
5           print(i, end='')
```

ONE MORE THING!

phone='010-1234-5678'와 같이 핸드폰 번호가 적힌 문자열 변수 phone이 있을 때,

하이픈(-)을 제외한 전화번호 문자열 newphone을 생성하려고 합니다. 아래 실행
결과를 참고하여 코드의 빈칸을 완성해 보세요.

실행 결과

```
기존 전화번호 010-1234-5678
새로운 전화번호 01012345678
```

```
1   phone = '010-1234-5678'
2
3   newphone = ''      # 빈 문자열로 초기화
4   for _____:
5       if i != '-': # i가 숫자인 경우에만 newphone에 붙이기
6           _____
7
8   print('기존 전화번호', phone)
9   print('새로운 전화번호', newphone)
```

✔ 정답 코드

```
1   phone = '010-1234-5678'
2
3   newphone = ''      # 빈 문자열로 초기화
4   for i in phone:
5       if i != '-': # i가 숫자인 경우에만 newphone에 붙이기
6           newphone += i
7
8   print('기존 전화번호', phone)
9   print('새로운 전화번호', newphone)
```

index	0	1	2	3	4	5	6	7	8	9	10	11	12
phone 문자열	0	1	0	-	1	2	3	4	-	5	6	8	7

```
❶ for i range(len(phone)):        # i는 0부터 12까지
      print(phone[i], end='')      # phone[0] = 0

❷ for i in phone:                  # i는 phone 각각의 문자열
      print(i, end='')
```

▲ 핸드폰 문자 하나하나 출력하는 두 가지 방법

for 반복문과 리스트의 만남 ─────

내 친구 이름 명단이 있는 리스트를 활용해 다음과 같이 1번부터 번호를 생성해 친구를 소개하는 문구를 출력하는 코드를 작성하세요.

실행 결과

```
1 번 친구 우진 을 소개합니다.
2 번 친구 시은 을 소개합니다.
3 번 친구 메이킷 을 소개합니다.
4 번 친구 지연 을 소개합니다.
5 번 친구 지훈 을 소개합니다.
```

핵심 ≡ 잡기

• for 반복문은 문자열뿐만 아니라 리스트와 만났을 때 특별하게 사용하는 방법이 있습니다. 리스트에서 반복을 진행하면서 리스트의 원소에 하나하나 차례대로 접근할 수 있습니다.

• 117쪽 46번 문제를 다시 볼까요? 여기서 내장 함수 count( )를 활용하지 않고 리스트와 반복문을 활용한 코드를 작성하면 아래와 같습니다.

```python
1   n = input().split()
2   m = 0            # 초깃값 0으로 설정
3   for i in n:      # n리스트에 값이 차례대로 i가 된다
4       if i == '1': # i 값이 1이라면
5           m += 1   # m의 값 1 증가
6
7   if m == 1:
8       print('도')
9   elif m == 2:
10      print('개')
```

```
11  elif m == 3:
12      print('걸')
13  elif m == 4:
14      print('윷')
15  else:
16      print('모')
```

정답 ⚲ 보기

```
1  # 친구 이름 리스트
2  friends = ['우진', '시은', '메이킷','지연', '지훈']
3
4  cnt = 1            # 친구 번호 변수
5  for i in friends: # for 반복문과 리스트와의 만남
6      # i에는 리스트 값이 차례대로 들어감
7      print(cnt, '번 친구', i, '을 소개합니다.')
8      cnt += 1       # 반복문마다 친구 번호 1 증가
```

ONE MORE THING!

친구 이름이 적힌 리스트 friends = ['우진', '시은', '메이킷','지연', '지훈']에서 이름이 '지'로 시작하는 친구만 출력하려고 합니다. 반복문과 리스트의 만남을 활용하는 코드를 작성해 보세요.

실행 결과

```
지훈
지연
```

✔ 정답 코드

```
1  # 친구 이름 리스트
2  friends = ['우진', '시은', '메이킷', '지연', '지훈']
3
4  for i in friends:      # 반복문을 돌면서 i는 친구의 이름
5      if i[0] == '지':   # i[0]는 친구 이름의 첫 글자
6          print(i)       # 첫 글자가 '지'인 친구의 이름을 그대로 출력
```

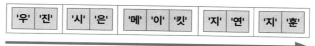

▲ 반복문에서 리스트 원소로 문자열 접근

▲ for 반복문으로 리스트 문자열 원소 사용

다음 반복문으로 바로가기(continue)

다음과 같이 1부터 30까지 출력하되 5의 배수는 출력하지 않도록 코드를 작성하세요.

실행 결과

1 2 3 4 6 7 8 9 11 12 13 14 16 17 18 19 21 22 23 24 26 27 28 29

핵심 ☰ 잡기

반복문을 수행하면서 반복문을 연속적으로 실행할지 결정하거나 중간에 반복문을 빠져나오는 등, 반복문을 제어할 수 있는 명령어가 있습니다. 반복문을 수행하면서 continue 키워드를 만나면 그 즉시 다음 반복문으로 제어가 넘어갑니다.

```
1   # i가 5의 배수이면 continue 문을 수행하고
2   # 바로 다음 반복문 i가 6인 상태로 제어가 넘어가기
3   for i in range(10):
4       if i%5 == 0:
5           continue
```

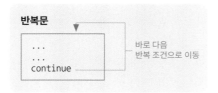

정답 ♀ 보기

```
1   for i in range(1, 31):      # 1부터 30까지 반복
2       if i % 5 == 0:          # i의 값이 5의 배수라면
3           continue            # 다음 반복문으로 넘어가기
4       else:
5           print(i, end=' ') # 5의 배수가 아닌 i값을 출력하고 한 칸 띄기
```

```
# 입력
160
170 140 130

# 출력
터널 통과 불가능
140
130
```

핵심 ≡ 잡기

자동차가 터널을 통과하지 못할 경우, 그 터널의 높이를 리스트에 저장합니다. 이렇게 터널 3개의 높이를 모두 체크합니다. 만약 저장된 리스트가 공백 리스트라면 통과가 불가능한 터널이 없다는 것을 의미합니다. 반대로 저장된 리스트가 공백 리스트가 아니라면 통과가 불가능한 터널이 하나 이상 있다는 의미입니다. 이러한 기준을 사용해 결과를 출력하는 코드를 작성합니다.

정답 ♀ 보기

```
1    c = int(input())                        # 자동차 높이 입력받기
2    a = list(map(int, input().split()))   # 터널의 높이 입력받기
3    t = [] # 자동차가 통과하지 못하는 터널 리스트 초기화
4
5    for i in range(len(a)): # 모든 터널에 대해서
6        if a[i] <= c:              # 입력받은 자동차 높이 c와 터널의 높이를 비교
7            t.append(a[i])  # 통과하지 못하면 터널의 높이를 리스트 t에 저장
8    if t == []: # 리스트 t가 공백 리스트라면 모든 터널을 통과할 수 있다는 의미
9        print('터널 통과 가능')
10   else:
11       print('터널 통과 불가능')
12       for i in t: # 통과 불가능한 터널들의 높이가 저장된 리스트 t
13           print(i) # 통과 불가능한 터널 높이를 출력
```

행운의 숫자 7 모두 찾기 ——

1부터 1000까지의 숫자 중에서 행운의 숫자 7이 몇 번 사용되었는지 알려주는 코드를
작성하려고 합니다. 예를 들어 1부터 20까지의 숫자 중에서 7은 7과 17에서 두 번 사
용했습니다. 또한, 77은 7을 두 번 사용한 것이고 777은 세 번 사용한 것입니다.

핵심 ≡ 잡기

count 함수를 사용해 문제를 해결하세요. count 함수는 리스트 안에 있는 원소들
이 몇 번 사용되는지를 알 수 있습니다. 그리고 문자열에서도 각각 문자가 몇 번 사
용되었는지 알 수 있습니다.

실행 결과

```
>>> ['1', 1, 2, 1].count('1')   # 리스트에서 문자 1이 사용된 횟수
1
>>> ['1',1, 2, 1].count(1)      # 리스트에서 숫자 1이 사용된 횟수
2
>>> '11010'.count('1')          # 문자열에서 문자 1이 사용된 횟수
3
```

정답 ○ 보기

```
1   cnt = 0        # 7이 사용된 횟수를 저장하는 변수 cnt 초기화
2   for i in range(1,1001):      # 1부터 1000까지 i를 반복
3       cnt+=str(i).count('7')   # 문자열.count(문자) 형식
4
5   print(cnt)   # 1부터 1000까지 사용된 7의 개수 출력
```

실행 결과

```
300
```

위의 문제에서 count 명령어를 사용하지 않고 문제를 해결하는 코드를 작성해 보세요. 숫자를 문자열로 바꾼 뒤 for 반복문을 수행해서 각각의 문자를 검사할 수 있습니다.

✔ 정답 코드

```
1    cnt = 0
2
3    for i in range(1, 1001):
4        snum = str(i)  # 숫자 i가 문자열 snum으로 변경, 숫자 17을 문자 '17'
                          로 변경
5        for j in snum: # 문자 하나씩 반복문으로 수행
6            if j == '7': # 문자 7이라면
7                cnt += 1 # cnt 변수 1 증가
8
9    print(cnt)                # 1부터 1000까지 사용된 7의 개수 출력
```

참고

잠깐 알아보는 컴퓨터 과학 상식: 7-세그먼트 표시

7-세그먼트 표시 장치(Seven-segment)는 7개의 획으로 숫자나 문자를 나타낼 수 있습니다. 주로 숫자를 표현하기 위해 7개의 LED로 구성된 장치이며, 간단하게 숫자를 디지털로 표현할 수 있는 장치입니다.

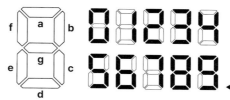

◀ 0부터 9까지 숫자를 표현하는 7-세그먼트

7개의 획은 각각의 소프트웨어 코딩으로 0 또는 1, False 또는 True를 통해 LED가 꺼지고 켜지는 동작을 제어하는 것입니다.

약수 구하기

다음과 같이 자연수 n을 입력받아 n의 양의 약수를 오름차순과 내림차순으로 각각 출력하는 코드를 작성하세요.

실행 결과

```
# 입력
12

# 출력
1 2 3 4 6 12
12 6 4 3 2 1
```

핵심 ≡ 잡기

- 자연수 10의 양의 약수를 모두 구하기 위해서는 숫자 10을 반복적으로 1부터 10까지의 수로 각각 나누어 떨어지는지 확인해야 합니다. 만약 나누어 떨어진다면 그 수는 10의 약수이며, 10의 약수를 오름차순으로 정렬하면 1, 2, 5, 10이 됩니다.

- 1부터 10까지 반복해야 하고 또한 나누어 떨어지는지 검사하기 위해서 조건문이 필요합니다.

- 약수를 내림차순으로 출력해야 하므로 반복문의 시작 값과 마지막 값이 어떨지 생각하고 코드를 작성하세요.

```
1    n = int(input())
2
3    # 오름차순 출력
4    for i in range(1, n+1):      # 1부터 n까지 반복
5        if n%i == 0:             # i 값으로 나누어 떨어진다면 i는 n의 약수
6            print(i, end=' ')    # 약수 값 출력
7    print()                      # 한 줄 띄기
8
9    # 내림차순 출력
10   for i in range(n, 0,-1):     # i가 n부터 1까지 1개씩 감소하면서 반복
11       if n%i == 0:             # i 값으로 나누어 떨어진다면 i는 n의 약수
12           print(i, end=' ')    # 약수 값 출력
```

ONE MORE THING!

다음과 같이 자연수 n을 입력받아 n의 양의 약수를 리스트로 저장하고 약수들의 총합을 구하는 코드를 다음과 같이 작성하세요.

실행 결과

```
# 입력 12
12

# 출력 12의 약수들을 모두 리스트로 저장하고 약수들의 총합을 출력
28
```

우선 공백 리스트를 만들고 약수라고 판단되는 숫자를 리스트에 추가하면 됩니다. 리스트의 총합을 구하기 위해서는 sum 함수를 사용합니다. 리스트에 저장하지 않고 그때그때 약수의 합을 저장하는 변수를 활용해 약수들의 합을 구할 수 있습니다.

```
1    n = int(input())
2    m = []                      # 약수를 저장할 리스트
3    for i in range(1, n+1):
4        if n%i == 0:
5            m.append(i)         # 약수를 리스트 m에 저장
6    print(sum(m))
```

위에 코드에서는 문제를 해결하기 위해서 리스트를 활용했습니다. 리스트에 약수들을 따로 저장하지 않고, 그때그때 약수의 합 값을 저장하는 변수를 활용해 약수들의 합을 구하는 방법도 있습니다. 리스트를 활용하지 않고 약수들의 합을 저장하는 total 변숫값을 활용해 문제를 해결하는 코드를 작성해 보세요.

✔ 정답 코드

```
1   n = int(input())
2   total = 0 # 약수들의 합을 저장할 변수 total을 0으로 초기화
3
4   for i in range(1, n+1): # i는 1부터 n까지
5       if n%i == 0       : # n이 i로 나누어 떨어진다면
6           total += i      # i의 값을 total에 더하기
7   print(total)
```

리스트 최대, 최소, 평균 구하기ㅣ ㅡ

다음과 같이 정수 n개를 입력받아 입력받은 수들 중에서 최댓값, 최솟값, 평균을 출력하는 코드를 작성하세요.

실행 결과

```
# 입력
# 첫째 줄에 입력되는 정수의 개수 n이 주어집니다.
# 둘째 줄에 n개의 정수가 공백으로 구분되어 입력됩니다.
5
3 2 -20 100 35

# 출력
리스트 최댓값 100
리스트 최솟값 -20
리스트 평균값 24.0
```

핵심 ≡ 잡기

- 리스트에 저장된 값이 숫자일 때 리스트에서 최댓값과 최솟값 그리고 리스트의 모든 숫자 합을 구하는 함수는 각각 max(리스트이름), min(리스트이름), sum(리스트이름)입니다.

- 평균을 구하는 리스트의 함수는 따로 없습니다. 하지만 리스트의 총합, 즉 리스트 값들의 합을 리스트의 개수로 나눠주면 됩니다. 즉, sum(리스트이름) 또는 len(리스트이름)으로 평균을 구할 수 있습니다.

- len(리스트이름)은 리스트의 길이, 즉 리스트의 개수를 알려줍니다.

```
1    n = int(input())                        # 정수 개수 입력
2    m = list(map(int,input().split()))      # 공백으로 구분해 숫자 리스트를 생성
3    print('리스트 최댓값', max(m))            # 리스트 최댓값을 구하는 내장 함수
4    print('리스트 최솟값', min(m))            # 리스트 최솟값을 구하는 내장 함수
5    print('리스트 평균값', sum(m)/n)          # 리스트 평균 출력
```

ONE MORE THING!

다음과 같이 우리 반 학생들이 몇 명인지 입력받은 뒤 각 학생들의 나이를 입력받아 리스트를 생성합니다. 그런 다음 우리 반 학생들의 평균 나이를 다음과 같이 출력하는 코드를 작성하세요.

실행 결과

우리 반 학생은 모두 몇 명인가요? **5**
1번 학생의 나이가 몇 살인가요? **10**
2번 학생의 나이가 몇 살인가요? **9**
3번 학생의 나이가 몇 살인가요? **11**
4번 학생의 나이가 몇 살인가요? **13**
5번 학생의 나이가 몇 살인가요? **12**
우리 반 학생들의 평균 나이는 11.0 살입니다.

우리 반 학생들의 나이가 저장될 될 리스트를 공백 리스트로 생성하고 나이를 차례대로 입력받으면서 리스트에 저장하세요.

✔ 정답 코드

```
1  n = int(input('우리 반 학생은 모두 몇 명인가요? '))
2  m = []                  # 학생들 나이가 저장될 리스트
3  cnt = 1
4  for i in range(n):
5      age=int(input(str(cnt) + '번 학생의 나이가 몇 살인가요? '))
6      m.append(age)  # 학생 나이를 리스트에 저장
7      cnt += 1        # 학생 번호 1 증가
8
9  print('우리 반 학생들의 평균 나이는', sum(m)/len(m), '살입니
   다.')
```

리스트 최대, 최소, 평균 구하기 II –

다음과 같이 정수 n개를 입력받아 최댓값, 최솟값, 평균을 구하고 출력하는 코드를 작성하세요. 단, 내장 함수를 사용하지 말고 작성해 보세요. 첫째 줄에 입력되는 정수의 개수 n이 주어지고 둘째 줄에 n개의 정수가 공백으로 구분되어 입력됩니다.

실행 결과

```
# 입력
5
3 2 -20 100 35

# 출력
리스트 최댓값 100
리스트 최솟값 -20
리스트 평균값 24.0
```

핵심 잡기

- 리스트의 최댓값과 최솟값을 구하기 위해서는 우선 최댓값과 최솟값 변수를 초기화하는 것이 중요합니다.

- 리스트의 맨 앞에 있는 값, 즉 인덱스 0의 값을 각각 최댓값과 최솟값으로 설정해야 합니다.

- 리스트의 인덱스 1부터 끝까지 반복문을 통해서 인덱스의 값을 비교하면서 최댓값과 최솟값을 업데이트하는 코드를 작성해 보세요.

```
1   n = int(input())                         # 정수 개수 입력
2   m = list(map(int,input().split()))       # 공백으로 구분해 숫자 리스트를 생성
3
4   mymax = m[0]   # 리스트 최댓값을 리스트의 첫 번째 값으로 초기화
5   mymin = m[0]   # 리스트 최솟값을 리스트의 첫 번째 값으로 초기화
6   sum = m[0]     # 리스트의 합을 저장하는 변수 초기화
7   cnt = 1        # 리스트의 개수를 저장하기 위한 변수 초기화
8
9   # 리스트 1번째 인덱스부터 리스트 끝까지 반복, n 대신 len(m)으로 사용 가능
10  for i in range(1, n):
11      if m[i] > mymax:  # 현재 인덱스 값이 기존 mymax 값보다 크다면
12          mymax = m[i]  # mymax 값을 업데이트
13      if m[i] < mymin:  # 현재 인덱스 값이 기존 mymin 값보다 작다면
14          mymin = m[i]  # mymin 값을 업데이트
15      sum += m[i]       # 모든 리스트 원솟값 더하기
16      cnt += 1          # 반복문 수행마다 1 증가
17
18  print('리스트 최댓값', mymax)     # 리스트 최댓값을 구하는 내장 함수
19  print('리스트 최솟값', mymin)     # 리스트 최솟값을 구하는 내장 함수
20  print('리스트 평균값', sum/cnt)   # 리스트 평균 출력
```

▲ 반복문 진행에 따른 최댓값, 최솟값, 누적 합 값 변화

각 자릿수의 합 구하기 I

다음과 같이 자연수가 입력되면 자연수의 각 자릿수의 합을 구하는 코드를 작성하세요. 예를 들어 1234가 입력되었다면 각 자릿수의 합은 1+2+3+4를 하여 10입니다.

실행 결과

```
# 입력
1234

# 출력
10
```

핵심 ≡ 잡기

- 문자열과 리스트는 인덱스가 존재하고, 인덱스에 따라서 각각의 값 또는 문자가 있습니다. 이것들은 차례대로 반복문을 사용해 반복적으로 접근이 가능합니다.

- 이러한 자료형을 반복 가능한 자료형(iterable data type)이라고 합니다.

- 반복 가능한 자료형은 **for i in 반복가능한자료:** 와 같은 형태로 반복 가능한 자료형의 원소 하나하나를 반복문 순서에 따라 i로 대입해서 사용할 수 있습니다.

```
for i in 'makit':
    print(i, end=' ')
```

문자열 'makit'의 각 문자가 반복문을 수행하는 동안 차례대로 i의 값에 저장되고, m a k i t를 출력합니다.

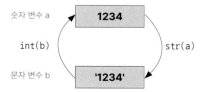

▲ 숫자 변수 a와 문자 변수 b 변환

```
1    n = input()          # 자연수 입력, n은 숫자로 표기된 문자열
2    sum = 0
3    for i in n:          # for 반복문은 문자열의 원소를 하나씩 접근
4        sum += int(i)    # 숫자로 표기된 문자 i를 정수 숫자로 자료형 변환
5    print(sum)
```

ONE MORE THING!

다음과 같이 우리 반 학생들의 이름이 저장된 리스트가 있습니다. 우리 반 학생들의 이름 문자 개수의 총합을 구하는 코드를 완성하세요.

```
1    # 학생들 이름이 저장된 리스트
2    n = ['makit','woojin','sieun','jihoon','jiyeon']
3     # 여기에 들어갈 코드를 작성하세요
4
5
6
7
8
9
10   print('우리 반 학생들의 이름 문자 개수의 총합은', cnt, '입니
     다')
```

✔ 정답 코드

```
1    # 학생들 이름이 저장된 리스트
2    n = ['makit','woojin','sieun','jihoon','jiyeon']
3
4    cnt = 0                 # 학생들의 이름 문자 개수 초깃값 변수
5
6    for i in n:            # 우리 반 학생들의 이름이 차례로 i가 되면서 반복
7        for j in i:        # 각각의 이름에 차례로 문자 j가 되면서 반복
8            cnt += 1       # 1 증가
9
10   print('우리 반 학생들의 이름 문자 개수의 총합은', cnt, '입니
     다')
```

각 자릿수의 합 구하기 II

자연수가 입력되면 자연수의 각 자릿수의 합을 구하는 코드를 작성하세요. 예를 들어 1234가 입력되었다면 각 자릿수의 합은 1+2+3+4를 하여 10입니다. 나머지 연산자 %와 몫 연산자 //를 사용해 〈문제 76〉과는 다른 방법으로 문제를 해결하세요.

핵심 ☰ 잡기

- 수 1234에서 4, 3, 2, 1을 각각 하나씩 뽑아내야 합니다. 1234에서 4를 뽑아내는 방법은 1234 % 10의 결과입니다. 또한, 123에서 3을 뽑아내는 방법은 123 % 10 입니다.

- 즉, 10을 사용해 나머지 연산을 합니다. 이때 처음에는 1234, 두 번째는 123, 세 번째는 12가 되고, 마지막으로 네 번째는 1이 되도록 반복문을 사용해야 합니다.

- for 반복문을 사용해 반복문을 몇 번 사용해야 하는지 생각하고 코드를 작성하세요.

정답 ♀ 보기

```
1   n = int(input())  # 자연수 입력
2   sum = 0
3   m = len(str(n))   # 자연수의 길이, 자연수가 1234라면 길이는 4
4
5   for i in range(m):
6       x = n % 10     # 마지막 1의 자리 뽑아내기, 예) 1234에서 4 뽑아내기
7       n = n // 10    # 자연수 자릿수 하나 줄이기, 예) 1234가 123으로 변경
8       sum += x       # 뽑아낸 숫자를 합계 sum에 누적
9
10  print('각 자릿수들의 합은', sum)
```

위 문제를 while 반복문을 사용해 해결하세요. 반복을 언제까지 해야 할지 생각하고 코드를 작성하세요.

```
1    n = int(input()) # 자연수 입력
2    sum = 0
3
4    # n이 0이 아니라면 반복문 수행, 0이라면 반복문을 끝내고 나가기
5    while n != 0:
6        x = n % 10  # 마지막 1의 자리 뽑아내기, 예) 1234에서 4 뽑아내기
7        n = n // 10 # 자연수 자릿수 하나 줄이기, 예) 1234가 123으로 변경
8        sum += x        # 뽑아낸 숫자 sum에 누적 합
9
10   print('각 자릿수들의 합은', sum)
```

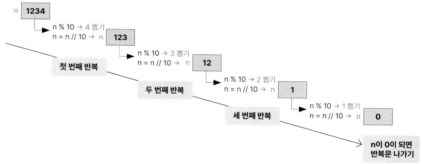

▲ 수에서 자릿수 뽑아내는 과정

카이사르 암호

카이사르의 암호는 알파벳 순서대로 세 글자를 뒤로 밀어서 암호문을 만들고, 세 글자를 앞으로 당겨서 암호를 푸는 방식입니다. 예를 들어 'ABCXYZ'를 카이사르 암호 방식을 사용해 암호화하면 'DEFABC'가 됩니다. 다음과 같이 문자열을 입력받아 카이사르 암호 방식을 사용해 암호문을 생성하고 출력하는 코드를 작성하세요.

실행 결과

```
# 입력
MAKIT

# 출력
PDNLW
```

핵심 ≡ 잡기

- 컴퓨터 키보드에서 사용하는 모든 문자와 기호, 숫자들은 그에 대응되는 숫자 번호가 있습니다. 이것을 '아스키 코드(ASCII code)' 라고 합니다.

- 문자에 따른 아스키 코드 값을 알기 위해서는 ord(문자)로 확인할 수 있습니다. 또한, chr(아스키 코드 숫자)로 아스키 코드 숫자 번호에 해당하는 문자가 무엇인지 확인할 수 있습니다.

- ord('A')의 값은 65입니다. 즉, 문자 'A'의 아스키 코드 값은 65입니다. chr(65)의 값은 'A'입니다. 즉, 아스키 코드 값 65에 해당하는 문자는 'A'입니다.

```
# 아스키 코드 값과 문자 사이 변환
ord('A')    =>  아스키 코드 값 65
chr(65)     =>  문자 'A'
```

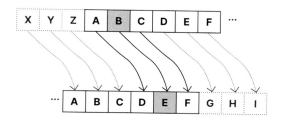

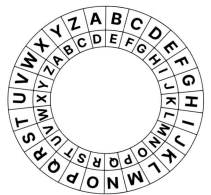

◀ 카이사르 암호

정답 ☿ 보기

```
1    msg = input()          # 문자열 입력받기
2    for i in msg:          # 문자열의 각 문자에 대해서
3        # XYZ는 원으로 돌아서 n값이 X는 0, Y는 1, Z는 2로 만들기
4        n = ((ord(i)-65) + 3) % 26
5        print (chr(n+65), end='')      # 대문자 A 아스키값 65를 더하기
```

소문자는 대문자로, 대문자는 소문자로 변환하기

다음과 같이 영어 문장을 입력받아 대문자는 소문자로 변환하고, 소문자는 대문자로 변환하는 코드를 작성하세요.

실행 결과

```
# 입력
Makit Code Lab !!

# 출력
mAKIT cODE lAB !!
```

핵심 ≡ 잡기

- 소문자 a의 아스키 코드 값은 97입니다. 대문자 A의 아스키 코드 값은 65입니다. 그러므로 소문자 a와 대문자 A의 아스키 코드 값 차이는 32입니다. 다른 알파벳도 마찬가지로 32라는 차이가 납니다. 이것을 사용해 소문자를 대문자로, 대문자를 소문자로 변경할 수 있습니다.

- 문자와 문자는 아스키 코드 값을 기준으로 크기를 바로 비교할 수 있습니다.

  실행 결과

  ```
  >>> print('a'<'b') # 문자 'a'의 아스키 값은 97, 문자 'b'의 아스키 값은 98
  True
  >>> print('a'<'A') # 문자 'a'의 아스키 값은 97, 문자 'A'의 아스키 값은 65
  False
  ```

- 소문자 아스키 코드 값에 32를 더하면 대문자를 알 수 있고, 대문자 아스키 코드 값에 32를 빼면 소문자를 알 수 있습니다.

```
store = {'새우칩':1000, '옥수수칩':1200}
```

딕셔너리 이름은 store이며, 딕셔너리의 시작과 끝은 중괄호{ }로 열고 닫으며, 안에는 **키:값** 형태로 저장됩니다. **키:값** 쌍이 여러 개일 때는 콤마(,)로 구분해서 추가합니다.

정답 ♀ 보기

```
1   #  딕셔너리를 생성하는 방법은 두 가지입니다.
2
3   #  첫 번째 딕셔너리 생성과 동시에 key(키)와 value(값)을 초기화하는 방법
4   # 키:값 쌍이 4개로 구성된 딕셔너리 a 생성
5   a = {'메이킷':17, '우진':9,'시은':11,'제임스':10}
6   print(a)
7
8   # 두 번째, 공백 딕셔너리를 만들고 하나씩 추가하는 방법
9   b = {}              # 공백 딕셔너리 생성
10  b['메이킷'] = 17    # 딕셔너리 b에 키가 '메이킷'이고 값이 17인 키:값 쌍 추가
11  b['우진'] = 9       # 딕셔너리 b에 키가 '우진'이고 값이 9인 키:값 쌍 추가
12  b['시은'] = 11      # 딕셔너리 b에 키가 '시은'이고 값이 11인 키:값 쌍 추가
13  b['제임스'] = 10    # 딕셔너리 b에 키가 '제임스'이고 값이 10인 키:값 쌍 추가
14  print(b)            # 딕셔너리 b 출력
```

자기소개하기

아래와 같은 내용을 저장하는 딕셔너리 자료형을 s로 만들고 s를 활용해 다음과 같이
출력하는 코드를 작성하세요.

- 사는 곳 : 서울
- 성별 : 여자
- 이름 : 시은
- 나이 : 11
- 혈액형 : b

실행 결과

```
내가 살고 있는 곳은 서울 입니다.
나의 성별은 여자 이고 이름은 시은 입니다.
나이는 11 살 이고 혈액형은 b 형입니다.
```

핵심 ≡ 잡기

- 파이썬에서는 딕셔너리(dictionary)로 자료형에서 값을 뽑아내기 위해서 키(key)를 사용합니다. 예를 들어 store={'새우칩':1000, '옥수수칩':1200} 딕셔너리에서 키(key)인 '옥수수칩'의 값(value)을 뽑아내려면 store['옥수수칩']과 같이 사용하면 됩니다. 즉, print(store['옥수수칩'])의 결과로 1200이 출력됩니다.

- 또 다른 방법으로, **딕셔너리.get(키)**를 통해서 값을 가지고 올 수 있습니다. 그러므로 store['옥수수칩']과 store.get('옥수수칩')의 결과는 똑같이 1200입니다.

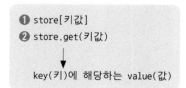

❶ store[키값]
❷ store.get(키값)
↓
key(키)에 해당하는 value(값)

▲ 딕셔너리에서 value(값)을 얻는 두 가지 방법

```
1    # 첫 번째 방법
2    s = {'사는 곳':'서울', '성별':'여자', '이름':'시은', '나
     이':11, '혈액형':'b'}
3    print('내가 살고 있는 곳은',s['사는 곳'],'입니다.')
4    print('나의 성별은', s['성별'],'이고 이름은',s['이름'], '입니
     다.')
5    print('나이는',s['나이'], '살이고 혈액형은',s['혈액형'], '형입
     니다.')
```

```
1    # 두 번째 방법
2    s = {'사는 곳':'서울', '성별':'여자', '이름':'시은', '나
     이':11, '혈액형':'b'}
3    print('내가 살고 있는 곳은', s.get('사는 곳'), '입니다.')
4    print('나의 성별은',s.get('성별'), '이고 이름은', s.get('이
     름'), '입니다.')
5    print('나이는', s.get('나이'), '살이고 혈액형은', s.get('혈액
     형'), '형입니다.')
```

딕셔너리에 추가하기

아래와 같은 내용을 저장하는 딕셔너리 자료형 s를 만들고, 나이와 혈액형을 입력받아 딕셔너리 s에 입력받은 자료를 추가해 다음과 같이 출력하는 코드를 작성하세요.

- 사는 곳 : 인천 송도
- 성별 : 남자
- 이름 : 우진

실행 결과

입력

나이는 몇 살인가요?**9**
혈액형은 무엇인가요?**b**

출력

나의 성별은 남자 이고 이름은 우진 입니다.
나이는 9 살 이고 혈액형은 b 형입니다.

핵심 ≡ 잡기

- 딕셔너리에 자료를 추가하려면 **딕셔너리이름[키]=값** 형식으로 사용합니다.

- 예를 들어 공백 딕셔너리 s가 있을 때 s['초코빵']=1500이라고 한다면 s = {'초코빵':1500}와 같이 키와 값이 등록됩니다. s['새우칩'] = 1200이라고 코드를 작성하면, 딕셔너리 s는 { '초코빵':1500, '새우칩':1200}과 같이 두 개의 키와 그에 따른 값이 등록됩니다.

```
1   s = {'사는 곳':'인천 송도', '성별':'남자','이름':'우진'}
2   age = int(input('나이는 몇 살인가요?'))
3   t = input('혈액형은 무엇인가요?')
4
5   s['나이'] = age
6   s['혈액형'] = t
7
8   print('나의 성별은', s['성별'], '이고 이름은', s['이름'], '입니
    다.')
9   print('나이는', s['나이'], '살 이고 혈액형은', s['혈액형'], '형
    입니다.')
```

딕셔너리에서 삭제하기 ─────

다음 코드를 수행했을 때 같은 출력 결과가 나오도록 빈칸에 들어가야 할 코드를 완성하세요.

실행 결과

```
{'성별': '남자', '이름': '우진'}
```

```
1    s = {'사는 곳':'인천 송도', '성별':'남자','이름':'우진'}
2    _____
3    print(s)
```

핵심 ≡ 잡기

- 딕셔너리 s 자료형에서 **키:값** 쌍을 삭제하려면 **del s[키]** 형식을 사용합니다. del은 delete(삭제하다)의 약자입니다. 딕셔너리에서 키를 사용해 키와 그 키에 해당하는 값을 같이 삭제합니다.

- 딕셔너리에서 삭제하는 방법은 두 가지입니다. 방금 사용한 del s[키]를 사용하는 방법과 s.pop(키), 즉 pop( ) 함수를 사용하는 방법입니다.

정답 ♀ 보기

```
1    # del 키워드 사용하는 방법
2    s = {'사는 곳':'인천 송도', '성별':'남자','이름':'우진'}
3    del s['사는 곳'] # 딕셔너리 s에서 사는 곳 키에 해당하는 키와 값 삭제
4    print(s)
```

```
1    # pop 함수 사용하는 방법
2    s = {'사는 곳':'인천 송도', '성별':'남자','이름':'우진'}
3    s.pop('사는 곳') # 딕셔너리 s에서 사는 곳 키에 해당하는 키와 값 삭제
4    print(s)
```

우리 반 학생들의 이름과 나이가 저장된 딕셔너리를 다음과 같이 만들었습니다.

```
1    a = {'시은':11, '우진':9, 'sophia':11}
```

그런데 실수로 소피아의 이름을 영어로 저장했습니다. 영어 대신에 한국어 '소피아'로, {'시은':11, '우진':9, '소피아':11}처럼 딕셔너리의 키 값을 변경하려면 어떻게 해야 할까요?

딕셔너리에서 키 값을 바로 변경할 수는 없습니다. 기존 'sophia' 키를 삭제하고 새롭게 '소피아' 키를 사용해 키와 값을 추가해야 합니다. 다음 코드에서 각각 print(a)가 무엇을 출력할지 생각해 보세요.

```
1    a = {'시은':11, '우진':9, 'sophia':11}
2    print(a)
3    del a['sophia']
4    print(a)
5    a['소피아'] = 11
6    print(a)
```

이제 우리가 원하는 대로 딕셔너리 a가 저장되었습니다. 하지만 뒤늦게 소피아의 나이가 11살이 아니라 12살이란 것을 알았습니다. 소피아의 나이를 변경해야 합니다. 이 경우에는 키 값을 삭제해 다시 소피아의 나이와 값을 딕셔너리에 추가하는 것보다는 키 값을 사용해 값만 변경하는 것이 더 효율적입니다. 소피아의 나이를 변경해 볼까요?

```
1    a['소피아'] = 12 # 딕셔너리 키 '소피아'를 통해 값 변경
2    print(a)
```

딕셔너리에서 뽑아내기
keys(), values(), items() ───

아래와 같은 코드를 수행했을 때 같은 출력 결과가 나오도록 빈칸에 들어가야 할 코드를 완성하세요.

실행 결과

```
['사는 곳', '성별', '이름']
['인천 송도', '남자', '우진']
[('사는 곳', '인천 송도'), ('성별', '남자'), ('이름', '우진')]
```

```
1   s = {'사는 곳':'인천 송도', '성별':'남자','이름':'우진'}
2   _____
3   _____
4   _____
5   print(a)
6   print(b)
7   print(c)
```

핵심 ≡ 잡기

딕셔너리 a = {'시은':11, '우진':9, '소피아':11}가 있습니다. 여기서 키만 뽑아 모아서 저장하고 싶을 때가 있습니다. 또는 값만 뽑아서 저장하거나 키, 값 쌍을 하나씩 뽑아서 저장할 필요가 있기도 합니다. 키만 뽑아 낼 때는 keys() 함수를, 값만 뽑아낼 때는 values() 함수를, 키와 값을 쌍으로 뽑아낼 때는 items() 함수를 사용합니다.

```
1   a = {'시은':11, '우진':9,'소피아':11} # 딕셔너리 a 생성
2   # keys() 함수로 a에서 차례대로 키를 뽑아내고 리스트로 저장
3   b = list(a.keys())
4   print(b) # ['시은', '우진', ' 소피아 ']
```

```
 5    # values() 함수로 a에서 차례대로 값을 뽑아내고 리스트로 저장
 6    c = list(a.values())
 7    print(c)                    # [11, 9, 11]
 8
 9    # items() 함수로 a에서 키와 값을 (키,값) 형태로 튜플로 뽑아내고 리스트로 저장
10    d = list(a.items())
11    print(d)    # [('시은', 11), ('우진', 9), ('소피아', 11)]
```

정답 보기

```
1    s = {'사는 곳':'인천 송도', '성별':'남자','이름':'우진'}
2    a = list(s.keys())
3    b = list(s.values())
4    c = list(s.items())
5    print(a)
6    print(b)
7    print(c)
```

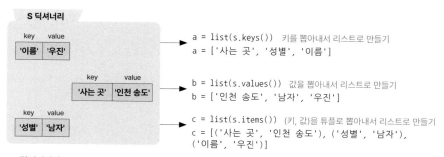

▲ 딕셔너리에서 keys, values, items 뽑아내기

딕셔너리 s는 key와 value의 쌍으로 저장됩니다. 즉 하나의 바구니 안에 (key, value) 형태의 쌍이 들어 있고 key를 통해 바구니에서 key에 해당하는 value를 가져옵니다. 바구니, 즉 딕셔너리에서 key의 자료 또는 value의 자료들만 뽑아서 리스토로 만들 수 있습니다. 하나의 쌍 (key, value)을 하나의 item이라 하고 이러한 item들을 튜플 형식으로 뽑아내어 튜플들로 구성된 리스트로 만들 수 있습니다.

딕셔너리와 if 조건문의 만남

store 딕셔너리에 다음과 같이 물건 이름과 가격이 저장되어 있습니다.

```
1    store = {'새우칩':1500, '옥수수칩':1800,'콜라':700,'양파
     칩':1300}
```

아래 실행 결과와 같이 물건의 이름을 입력하면 가격을 알려주는 코드를 작성하세요.
단, 딕셔너리에 없는 물건을 입력하면 실행을 중단합니다.

실행 결과

```
물품을 입력하면 가격을 알려드립니다
물품 이름은?새우칩
새우칩의 가격은 1500 입니다
물품 이름은?양파칩
양파칩의 가격은 1300 입니다
물품 이름은?콜라
콜라의 가격은 700 입니다
물품 이름은?사이다
사이다는 등록되어 있지 않습니다
```

핵심 ≡ 잡기

딕셔너리 키가 등록되어 있는지 아닌지를 판단하기 위해서는 딕셔너리와 if 조건
문을 사용하면 됩니다.

```
a = {'시은':11,'우진':9,'메이킷':13} # 딕셔너리 a 생성
b = list(a.keys()) # 딕셔너리 a에서 키 값만 뽑아내서 리스트 b로 생성
if '우진' in b:      # 이 조건문은 True
    print ('안녕하세요! 우진님')      # 출력
```

위 코드를 다음과 같이 list를 생략해도 정상적으로 동작합니다.

```
a = {'시은':11,'우진':9,'메이킷':13} # 딕셔너리 a 생성
if '우진' in a.keys(): # 리스트로 만들지 않아도 if 조건문과 함께 사용 가능
    print ('안녕하세요! 우진님')
```

한 걸음 더 나아가, keys()도 생략하고 다음과 같이 코드를 작성해도 정상적으로 동작합니다. if 조건문과 딕셔너리 변수 이름을 사용하면 딕셔너리 변수가 딕셔너리들의 keys()를 의미합니다.

```
a = {'시은':11,'우진':9,'메이킷':13} # 딕셔너리 a 생성
if '우진' in a: # a.keys()라고 하지 않고 딕셔너리 a라고 해도 됨
    print ('안녕하세요! 우진님')
```

정리해 볼까요? **if name in d:** 는 d라는 딕셔너리에 name이라는 키가 존재하면 True가 되고 키가 존재하지 않는다면 False가 되는 것입니다.

정답 보기

```
1  store = {'새우칩':1500, '옥수수칩':1800,'콜라':700,'양파
   칩':1300}
2  print('물품을 입력하면 가격을 알려드립니다')
3
4  while True:                        # 무한 반복문
5      item = input('물품 이름은 ?')
6      if item in store.keys(): # .keys()는 생략할 수 있음
7          print(item,'의 가격은', store[item],'입니다') # item 키
   에 따른 값 가져오기
8      else:
9          print(item,'은 등록되어 있지 않습니다')
10         break                      # while 반복문 빠져나가기
```

205

딕셔너리와 for 반복문의 만남 ——

store 딕셔너리에 다음과 같이 물건 이름과 가격이 저장되어 있습니다.

```
1    store = {'새우칩':1500,  '옥수수칩':1800,'콜라':700,'양파
     칩':1300}
```

아래와 같은 결과를 출력하는 코드를 작성하세요.

실행 결과

```
1 번 물품은 새우칩 이고 가격은 1500 입니다
2 번 물품은 옥수수칩 이고 가격은 1800 입니다
3 번 물품은 콜라 이고 가격은 700 입니다
4 번 물품은 양파칩 이고 가격은 1300 입니다
우리 가게는 모두 4 개 종류의 물건이 있습니다
우리 가게 물건들의 가격 총합은 5300 입니다
```

핵심 ☰ 잡기

- 딕셔너리에는 키와 값으로 구성된 items들이 저장되어 있습니다. 이 각각의 값에 차례대로 처음부터 끝까지 접근해야 합니다.

- 위 작업을 반복하려면 딕셔너리와 for 반복문을 같이 사용해서 코드를 작성해야 합니다.

- 딕셔너리의 등록된 items의 이 개수를 알려면 **len(딕셔너리이름)**을 활용합니다.

```
1    store = {'새우칩':1500, '옥수수칩':1800,'콜라':700,'양파
     칩':1300}
2
3    sum = 0
4    cnt = 1
5
6    for i in store.items():      # i는('새우칩',1500)와 같이 튜플
7        print(cnt, '번 물품은', i[0],'이고 가격은', i[1], '입니다')
8        sum += i[1]
9        cnt += 1
10
11   print('우리 가게는 모두', len(store), '개 종류의 물건이 있습니
     다')
12   print('우리 가게 물건들의 가격 총합은', sum, '입니다')
```

딕셔너리의 값으로 리스트 사용하기

우리 가게 물품 리스트는 아래와 같습니다.

물품 이름	가격(원)	개수
새우칩	1500	3
옥수수칩	1800	2
콜라	700	4
양파칩	1300	1

이 자료를 store 딕셔너리에 추가하고 아래와 같은 결과가 나오도록 코드를 작성하세요.

실행 결과

```
1 번 물품은 새우칩 이고 가격은 1500 이고 수량은 3 개입니다
2 번 물품은 옥수수칩 이고 가격은 1800 이고 수량은 2 개입니다
3 번 물품은 콜라 이고 가격은 700 이고 수량은 4 개입니다
4 번 물품은 양파칩 이고 가격은 1300 이고 수량은 1 개입니다
우리 가게는 4 개의 물건 종류가 있습니다
우리 가게 모든 물건 수량은 10 개 있습니다
우리 가게 모든 물건들의 가격 총합은 12200 입니다
우리 가게 모든 물건들의 평균 가격은 1220.0 원입니다
```

핵심 ≡ 잡기

- 딕셔너리 value 값에는 숫자나 문자열뿐만 아니라 리스트, 딕셔너리 자료형도 될 수 있습니다.

- 딕셔너리 value 값에 다양한 자료형을 사용함으로써 복잡한 자료를 간편하게 저장할 수 있습니다.

- 딕셔너리를 활용해 자료를 쉽게 저장하고 꺼내 사용함으로써 코드를 손쉽게 작성할 수 있습니다.

정답 보기

```
1   store = {'새우칩':[1500,3], '옥수수칩':[1800,2], '콜
        라':[700,4], '양파칩':[1300,1]}
2   sum = 0    # 우리 가게의 물품에 수량에 따른 총 가격의 합
3   item = 1   # 물품 번호 초깃값
4   cnt = 0    # 물품 개수 초깃값
5
6   for i in store.items():  # i는 ('새우칩', [1500,3])과 같은 튜플
7       print(item,'번 물품은', i[0], '이고 가격은', i[1][0],'이고
        수량은', i[1][1], '개입니다')
8       sum += i[1][0] * i[1][1]  # 물품 가격 * 물품 수량
9       cnt += i[1][1]
10      item += 1                 # 물품 개수 1 증가
11
12  print('우리 가게는', len(store), '개의 물건 종류가 있습니다')
13  print('우리 가게 모든 물건 수량은', cnt, '개 있습니다')
14  print('우리 가게 모든 물건들의 가격 총합은', sum, '입니다')
15  print('우리 가게 모든 물건들의 평균 가격은', sum/cnt, '원입니
        다')
```

ONE MORE THING!

아래 그림과 같이 우리 반 학생들이 살고 있는 마을에서 갈 수 있는 길을 저장한 지도가 있습니다. 예를 들어 메이킷 마을에서 시은과 우진이 살고 있는 마을로 이동할 수 있고, 우진이가 살고 있는 마을에서는 지연이가 살고 있는 마을로 갈 수 있는 길이 있습니다.

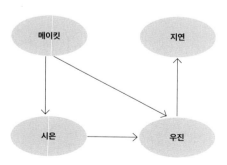

위 지도를 딕셔너리로 저장하고 딕셔너리를 활용해 다음과 같이 결과를 출력하도록 코드를 작성해 보세요.

메이킷 에서 시은 갈 수 있습니다.
메이킷 에서 우진 갈 수 있습니다.
시은 에서 우진 갈 수 있습니다.
우진 에서 지연 갈 수 있습니다.
지연 에서 갈 수 있는 곳은 없습니다.

✔ 정답 코드

```
1   # 지도 a를 딕셔너리로 저장, 각 이름이 키가 되고
2   # 키에 따라 갈 수 있는 친구 이름을 저장한 리스트가 값이 됨
3
4   a = {'메이킷':['시은','우진'], '시은':['우진'], '우진':['지
    연'], '지연':[]}
5
6   for i in a:            # i는 딕셔너리 a의 각 키가 됨
7       if a[i] == []:     # 키에 따른 값이 공백 리스트라면
8           print(i, '에서 갈 수 있는 곳은 없습니다.')
9       else:
10          for j in a[i]: # i 친구에서 갈 수 있는 친구 이름이 각각 j가 됨
11              print(i, '에서', j, '갈 수 있습니다.')
```

딕셔너리의 값으로 딕셔너리 사용하기

우리 반 학생들의 명단과 학생들이 각각 수업을 듣고 있는 과목과 시험 점수가 다음과 같이 표로 정리되어 있습니다.

학생 이름	과목	점수
우진	코딩	95
우진	수학	99
시은	과학	100
시은	코딩	99
메이킷	영어	85
메이킷	코딩	100

딕셔너리를 사용해 위 자료를 저장하고 아래와 같은 결과가 나오도록 코드를 작성하세요.

실행 결과

```
우진이의 코딩 점수는?95
시은이의 과학 점수는?100
메이킷의 영어 점수는?85
```

핵심 ≡ 잡기

딕셔너리의 키에 해당하는 값에는 딕셔너리 자료형도 추가할 수 있습니다. 딕셔너리 안에 딕셔너리가 포함되는 것이고, 딕셔너리의 첫 번째 키를 통해 value에 접근할 수 있습니다. value 역시 딕셔너리가 되므로, 두 번째 키를 통해서 두 번째 딕셔너리의 value 값에 접근할 수 있습니다.

예를 들면, a={'메이킷':{'나이':12,'사는 곳':'서울'}, '우진':{'나이':10,'사는 곳':'송도'}}와 같은 코드에서 딕셔너리 a는 두 개의 key 메이킷과 우진으로 구성되어 있고 각각의 key에 해당하는 value가 또 다른 딕셔너리로 저장된 것입니다.

다음과 같이 딕셔너리 a에서 '우진' key에 해당하는 value 값을 출력하면 딕셔너리가 출력됩니다.

```
print(a['우진']) # 딕셔너리 a에서 키 '우진'을 사용한 값이 출력
```

즉, a['우진']의 결과는 하나의 딕셔너리 {'나이': 10, '사는 곳': '송도'}가 되는 것입니다. 그러므로 print({'나이':10,'사는 곳':'송도'}['나이'])를 하게 되면 딕셔너리에서 '나이' key에 해당하는 value를 출력하므로 10을 출력합니다. 또한 딕셔너리에서 우진의 나이를 출력하기 위해서는 다음과 같이 코드를 작성하면 됩니다.

```
print(a['우진']['나이'])     # {'나이':10,'사는 곳':'송도'}['나이']와 같음
```

물론, 우진이 사는 곳을 출력하기 위한 코드는 아래와 같습니다.

```
print(a['우진']['사는 곳']) # {'나이':10,'사는 곳':'송도'}['사는 곳']와 같음
```

정답 ♀ 보기

```
1  makit = {'우진':{'코딩':95, '수학':99},
2         '시은':{'과학':100, '코딩':99},
3         '메이킷':{'영어':85, '코딩':100}}
4
5  print('우진이의 코딩 점수는?', makit['우진']['코딩'])
6  print('시은이의 과학 점수는?', makit['시은']['과학'])
7  print('메이킷의 영어 점수는?', makit['메이킷']['영어'])
```

ONE MORE THING!

아래 그림과 같이 우리 반 학생들이 살고 있는 마을에서 갈 수 있는 길을 저장한 지도가 있습니다. 예를 들어, 메이킷 마을에서 시은이가 살고 있는 마을까지 1시간 동안 이동해서 갈 수 있고, 우진이가 살고 있는 마을까지는 3시간 동안 이동해 도착할 수 있습니다. 우진이가 살고 있는 마을에서 갈 수 있는 마을은 지연이가 살고 있는 마을이고, 이동 시간은 5시간입니다.

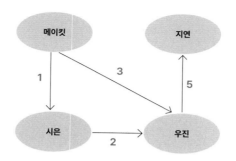

위 지도를 딕셔너리로 저장하고 딕셔너리를 활용해 다음과 같이 결과를 출력하도록 코드를 작성해 보세요.

실행 결과

메이킷 에서 시은 갈 수 있고 1 시간 걸립니다
메이킷 에서 우진 갈 수 있고 3 시간 걸립니다
시은 에서 우진 갈 수 있고 2 시간 걸립니다
우진 에서 지연 갈 수 있고 5 시간 걸립니다
지연 에서 갈 수 있는 곳은 없습니다.

✔ 정답 코드

```
1   # 지도 a를 딕셔너리로 저장, 각 이름이 키가 되고
2   # 키에 따라 갈 수 있는 친구의 이름이 딕셔너리의 키가 됩니다.
3   # 친구 마을까지 이동한 시간이 값이 됩니다.
4   a = {'메이킷':{'시은':1, '우진':3},
5       '시은':{'우진':2},
6       '우진':{'지연':5},
7       '지연':{}
8       }
9
10  for i in a:          # i는 딕셔너리 a의 각각의 키가 됨
11      if a[i] == {}:   # 키에 따른 값이 공백 딕셔너리라면
12          print(i, '에서 갈수 있는 곳은 없습니다.')
13      else:
14          for j in a[i]: # j는 두 번째 딕셔너리의 키 값이 됨
15              print(i, '에서', j, '갈 수 있고', a[i][j], '시간 걸립니다')
```

213

PART 8

수학적 사고력으로
문제 해결하기

코딩을 배우는 이유는 무엇일까요? 코딩을 통해 컴퓨터가 빠르게 일을 처리하도록 해결하는 것이 목적일 수도 있지만 코딩을 배우는 과정에서 우리의 수학적 사고력을 키우는 것이 가장 중요한 이유입니다. 어떤 문제를 해결하기 위한 코드를 작성할 때는 문제를 단순하게 해석하지 않고 다각적, 입체적, 융합적으로 생각하는 사고력이 필요합니다. 문제를 해결하는 방법은 여러 가지이기 때문입니다.

어떤 문제를 해결하는 데 한 코드는 결과가 1초 만에 나오지만 또 다른 코드는 1시간이 걸린다면 후자의 것은 결과가 정확하게 나올지라도 문제를 해결했다고 할 수 없습니다. 즉 정확한 답은 물론 효율적으로 문제를 해결하기 위한 방법까지 생각해야 합니다. 그리고 이때 필요한 기본이 수학적 사고입니다. 파트 8에서는 파이썬 언어에서 수학적 사고력으로 문제를 해결하는 기본 과정에 대해서 알아보겠습니다.

집합 특성 이해하기

문제 089

다음과 같은 리스트가 있을 때, 중복된 숫자들을 제거하고 싶습니다. 다음 코드와 같은 결과가 나올 수 있도록 코드를 완성하세요.

a = [1, 2, 1, 1, 2, 3, 4, 1, 5, 2, 1, 5]

```
1   a = [1, 2, 1, 1, 2, 3, 4, 1, 5, 2, 1, 5]
2   _____
3   _____
4   print(a)
```

실행 결과

[1, 2, 3, 4, 5]

핵심 ≡ 잡기

- 집합에는 중요한 특징이자 성질이 있습니다. 집합 안에 동일한 자료가 중복해서 있을 경우 여러 개의 의미가 없으므로 한 개로 생각합니다. 즉, 중복을 제거할 수 있는 특징이 있습니다. 예를 들어, 집합 {1, 2, 2, 3, 3, 3}은 집합 {1, 2, 3}과 동일합니다.

- 집합은 {와 } 사이에 집합을 이루는 원소는 콤마(,)를 기준으로 나열합니다.

- 리스트를 집합으로 변환하려면 **set(리스트이름)**을 사용합니다.

- 집합을 리스트로 변환하려면 **list(집합이름)**을 사용합니다.

```
1  a = [1, 2, 1, 1, 2, 3, 4, 1, 5, 2, 1, 5]  # 리스트
2  a = set(a)    # 리스트 a를 집합으로 변환
3  a = list(a)   # 집합 a를 다시 리스트로 변환
4  print(a)      # 리스트 a 출력
```

ONE MORE THING!

우리 반 학생 10명이 참여하고 있는 과목명이 적힌 명단이 있습니다. 우리 반 학생들이 듣고 있는 과목명의 개수는 모두 몇 개일까요? 다음 코드를 완성하세요.

```
1  # 우리 반 학생 10명이 듣고 있는 수업 과목명
2  a = ['코딩', '수학', '수학', '코딩', '물리', '화학', '물리', '체
      육', '코딩', '화학']
3  b = _____  # 리스트 a를 집합 b로 변환
4  print('개설된 과목은 모두', len(b), '과목입니다.')
```

a = ['코딩', '수학', '수학', '코딩', '물리', '화학', '물리', '체육', '코딩', '화학']
b = set(a)   # 리스트 a를 집합 b로 변환

index	0	1	2	3	4	5	6	7	8	9
리스트 a	'코딩'	'수학'	'수학'	'코딩'	'물리'	'화학'	'물리'	'체육'	'코딩'	'화학'

리스트는 '순서를 지켜서' 차례대로 저장

집합 b

'수학'   '물리'
        '화학'
  '코딩'
          '체육'

집합은 '순서가 없이', '중복 없이' 저장 → 바구니에 들어가는 개념

리스트 a를 집합 b로 변환한다는 의미는 기존 리스트가 지닌 속성인 인덱스, 즉 순서가 무의미해진다는 의미입니다. 그러므로 집합은 순서대로 저장한 것이 아닌 바구니에 자료가 뒤섞여 들어 있는 개념입니다. 추가로 리스트와 다르게 집합의 특징은 중복된 자료를 허용하지 않는다는 것입니다. 집합에 중복적으로 동일한 자료가 여러 개 들어간다 하더라도 하나로 취급합니다.

✔ 정답 코드

```
1   # 우리 반 학생 10명이 듣고 있는 수업 과목명
2   a = ['코딩', '수학', '수학','코딩','물리','화학','물리','체
    육','코딩','화학']
3   b = set(a) # 리스트 a를 집합 b로 변환
4   print('개설된 과목은 모두', len(b), '과목입니다.')
```

집합 추가하거나 삭제하기

다음 코드와 같은 결과가 나올 수 있도록 코드를 완성하세요.

```
1   a = {'메이킷', '우진', '시은', '소피아'}
2   _____
3   print(a) # 집합 a 출력
4   _____
5   print(a)
```

실행 결과

```
{'하워드', '소피아', '우진', '메이킷', '시은'}
{'하워드', '우진', '메이킷', '시은'}
```

핵심 ☰ 잡기

다음과 같이 코드를 작성하고 실행하면 집합 a가 출력됩니다.

```
1   a = {'메이킷', '우진', '시은', '소피아'}
2   print(a)
```

단, 출력 순서가 실행할 때마다 달라지기도 합니다. 예를 들어, 어떤 경우에는 {'소피아', '우진', '시은', '메이킷'}와 같이 나오고, 또 다시 실행하면 {'시은', '소피아', '메이킷', '우진'}와 같이 나오기도 합니다. 이는 결과가 이상하게 나오는 것이 아니라 집합의 특징 중에 하나입니다. 집합은 순서가 중요하지 않습니다. 집합은 어떤 원소로 구성되어 있는지가 중요하지, 어떤 순서로 어떤 원소들이 구성되어 있는지에는 의미를 두지 않습니다.

집합에 원소를 추가하기 위해서는 **집합이름.add(원소)**를, 집합에서 원소를 삭제하기 위해서는 **집합이름.discard(원소)**를 사용합니다. 집합에는 순서가 의미가 없으므로 리스트와 다르게 인덱스를 통한 삽입과 삭제가 필요하지 않습니다.

정답 ♀ 보기

```
1    a = {'메이킷', '우진', '시은', '소피아'}
2    a.add('하워드')           # 집합 a에 '하워드' 추가
3    print(a)
4    a.discard('소피아')  # 집합 b에  '소피아' 삭제
5    print(a)
```

집합 연산

우리 반 학생들에게 자신이 다녀온 여행지를 조사하니 아래와 같은 결과가 나왔습니다.

- 우진 : 하와이, 두바이
- 윤진 : 하와이, 이탈리아
- 시은 : 하와이, 두바이, 이탈리아
- 형우 : 두바이
- 메이킷 : 이탈리아

조사 결과를 집합으로 저장하면 다음과 같습니다.

hawaii = {'윤진', '시은', '우진'}
italia = {'형우', '윤진', '시은'}
dubai = {'시은', '우진', '메이킷'}

코드를 실행하면 다음과 같이 나오도록 완성해 보세요.

실행 결과

```
하와이, 이탈리아, 두바이 모두 여행을 다녀온 사람은?
{'시은'}
하와이 또는 이탈리아 여행을 다녀온 사람은?
{'우진', '시은', '형우', '윤진'}
두바이 여행은 다녀왔고 하와이와 이탈리아 여행 경험이 없는 사람은?
{'메이킷'}
```

```python
1  hawaii = {'윤진', '시은', '우진'}
2  italia = {'형우', '윤진', '시은'}
3  dubai = {'시은', '우진', '메이킷'}
4
5  print('하와이, 이탈리아, 두바이 모두 여행을 다녀온 사람은?')
6  # & 교집합 연산을 통해 하와이,이탈리아,두바이 모두 다녀온 사람 집합 만들기
7  _____
8  print(name)
9
```

```
10    print('하와이 또는 이탈리아 여행을 다녀온 사람은?')
11    # ¦ 합집합 연산을 통해 하와이 또는 이탈리아 둘 중에 한 곳이라도 다녀온 사람 집합 만들기
12    _____
13    print(name)
14    print('두바이 여행은 다녀왔고 하와이와 이탈리아 여행 경험이 없
      는 사람은?')
15    # - 차집합 연산을 통해 집합에서 다른 집합의 원소를 빼기
16    _____
17
18    print(name)
```

핵심 ≡ 잡기

- 집합과 집합 사이에 공통 요소를 뽑아내서 새로운 집합으로 만들 때는 교집합 연산자 &를 사용합니다.

- 집합과 집합을 합치기 위해서는 합집합 연산자 ¦를 사용합니다.

- 하나의 집합에서 또 다른 집합을 빼기 위해서는 차집합 연산자 - 를 사용합니다.

- A 집합, B 집합이 있다고 가정하면, 공통 집합 즉, 교집합은 **A & B** 또는 **A.intersection(B)**를 사용해도 됩니다. 두 집합을 합칠 때는 즉, 합집합은 **A ¦ B** 또는 **A.union(B)**를, A 집합에서 B 집합을 뺄 때는 즉, 차집합은 **A - B** 또는 **A.difference(B)**를 사용하면 됩니다.

```
1   hawaii = {'윤진', '시은', '우진'}
2   italia = {'형우', '윤진', '시은'}
3   dubai = {'시은', '우진', '메이킷'}
4
5   print('하와이, 이탈리아, 두바이 모두 여행을 다녀온 사람은?')
6   # & 교집합 연산을 통해 하와이,이탈리아,두바이 모두 다녀온 사람 집합 만들기
7   name = hawaii & italia & dubai
8   print(name)
9
10  print('하와이 또는 이탈리아 여행을 다녀온 사람은?')
11  # | 합집합 연산을 통해 하와이 또는 이탈리아 둘 중에 한 곳이라도 다녀온 사람 집합 만들기
12  name = hawaii | italia
13  print(name)
14  print('두바이 여행은 다녀왔고 하와이와 이탈리아 여행 경험이 없
    는 사람은?')
15  # - 차집합 연산을 통해 집합에서 다른 집합의 원소를 빼기
16  name = dubai - hawaii - italia
17
18  print(name)
```

집합은 순서가 중요하지 않으므로 실행할 때마다 결과는 달라집니다.

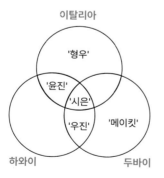

▲ 3개의 집합을 벤 다이어그램으로 표현하기

사용자 정의 함수

1 이상인 숫자 n을 입력받아 1부터 n까지의 합을 구하는 사용자 정의 함수(user-defined function)를 만들어서 결과를 출력하세요.

```
1   def makit(n):
2     # 여기에 들어갈 코드를 작성하세요.
3
4
5
6
7   makit(10)
8   makit(100)
```

실행 결과

```
1부터 10까지 합은 55 입니다.
1부터 100까지 합은 5050 입니다.
```

핵심 ≡ 잡기

- 코드를 작성하지 않아도 실행이 가능한 기본적으로 제공되는 함수를 내장 함수(built-in function)라고 합니다. 파이썬의 내장 함수에는 len( ), max( ), min( ) 함수 등이 있습니다. 하지만 이와 같이 내장 함수만으로는 복잡한 코드를 작성할 수 없습니다.

- 개발자가 직접 작성한 함수를 사용자 정의 함수(user-defined function)라고 하며 **def 함수 이름:** 형식으로 정의하고 코드를 작성합니다.

- 예를 들어 a = [1, 2, 3, 4, 5]가 저장된 리스트가 있을 때, 이 리스트에 있는 값의 총합은 어떻게 구할까요? 내장 함수 sum을 사용해 sum(a)로 바로 구할 수도 있지만, 개발자(사용자)가 직접 코드로 구현해 답을 구할 수 있습니다.

makit 함수 정의

숫자 입력

```
def makit(n):
    ...
```

makit(10) # 함수 호출

▲ 함수 정의, 함수 호출의 기본 동작

```
1  def makit(n): # 함수 정의하기, 전달받는 값을 n에 저장
2      sum = 0                    # sum 값 초깃값
3      for i in range(1, n+1): # i가 1부터 n까지 반복
4          sum += i                # i 누적 합 구하기
5      print('1부터', n, '까지 합은', sum, '입니다.')
6
7  makit(10)   # 함수 호출하기, 함수에 10 전달
8  makit(100) # 함수 호출하기, 함수에 100 전달
```

ONE MORE THING!

아래 결과와 같이 출력되도록, a = [1, 2, 3, 4, 5] 리스트를 함수의 입력으로
받아서 리스트 값의 누적 합을 출력하는 makit 함수 코드를 완성하세요.

```
1  a = [1, 2, 3, 4, 5]
2
3  def makit(a):    # makit 함수 정의
4      # 여기에 들어갈 코드를 작성하세요.
5
6
7
8
9  makit(a)         # 리스트 a를 입력으로 갖는 함수 makit 호출
```

✔ 정답 코드

```
1   a = [1, 2, 3, 4, 5]
2
3   def makit(a):     # makit 함수 정의
4       sum = 0        # sum 값 초깃값
5       for i in a:   # 리스트 a의 값 반복적으로 접근
6           sum += i
7       print('리스트 a의 누적 합은', sum)
8
9   makit(a)           # 리스트 a를 입력으로 갖는 함수 makit 호출
```

함수 값 돌려주기(return)

두 개의 자연수 n1, n2를 입력받습니다. n2는 n1보다 큰 숫자입니다. 아래와 같은 결과가 나오도록, n1, n2를 사용자 정의 함수 makit에 전달한 뒤 n1부터 n2까지의 합을 구해 다시 함수를 호출한 곳으로 돌려보내는 코드를 작성해 보세요.

실행 결과

```
첫 번째 숫자를 입력하세요1
두 번째 숫자를 입력하세요10
1 + ... + 10 = 55
```

```
1   def makit(n1, n2):
2     # 여기에 들어갈 코드를 작성하세요
3
4
5
6
7   n1 = int(input('첫 번째 숫자를 입력하세요'))
8   n2 = int(input('두 번째 숫자를 입력하세요'))
9
10  print(n1, '+ ... +', n2, '=', makit(n1,n2))
```

핵심 ≡ 잡기

- 함수를 호출해, 함수 실행 후 생성된 결과를 다시 돌려주기 위해서는 return 키워드를 사용합니다.

- 함수에서는 return 키워드를 만나는 즉시 함수가 종료되고, 자기 자신을 호출한 곳으로 값을 돌려보냅니다.

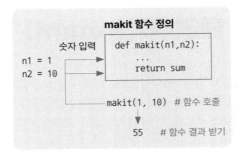

▲ 함수 실행하고 결과 돌려받기

정답 ⚲ 보기

```
1   def makit(n1, n2):
2       sum = 0
3       for i in range(n1, n2+1):
4           sum += i
5       return sum
6
7   n1 = int(input('첫 번째 숫자를 입력하세요'))
8   n2 = int(input('두 번째 숫자를 입력하세요'))
9
10  print(n1, '+ ... +', n2, '=', makit(n1,n2))
```

ONE MORE THING!

다음과 같이 입력을 받았을 때 출력 결과가 나오도록 코드를 작성하세요.

실행 결과

첫 번째 숫자를 입력하세요**1**
두 번째 숫자를 입력하세요**10**
1+2+3+4+5+6+7+8+9+10=55

✔ 정답 코드

```
1   def makit(n1, n2):  # makit 함수 정의, 2개의 입력을 받음
2       sum = 0
3       for i in range(n1, n2+1):
4           sum += i
5       return sum
6
7   n1 = int(input('첫 번째 숫자를 입력하세요'))
8   n2 = int(input('두 번째 숫자를 입력하세요'))
9
10  for i in range(n1, n2+1):
11      if i == n2:  # i값이 두 번째 숫자라면, 즉 마지막 숫자라면
12          print(i, end='=')  # i값 출력하고 바로 옆에 = 출력
13      else:                      # i값이 두 번째 숫자가 아니라면,
14          print(i, end='+')  # i값 출력하고 바로 옆에 + 출력
15
16  result = makit(n1, n2)      # n1부터 n2까지 누적 합 구하기 함수 호출
17  print(result)               # 누적 합을 출력하고 한 줄 띄기 출력
```

함수에서 또 다른 함수 호출하기 ㅡ

다음과 같이 두 값이 주어질 때 절댓값이 더 큰 숫자를 출력하는 코드를 완성하세요.

실행 결과

```
절댓값이 큰 수는: -13
절댓값이 큰 수는: 79
```

```
1   def makit(n1, n2):        # 두 수를 입력받은 함수
2       x = makit_abs(n1)  # 수 하나를 입력받아 절댓값을 보내주는 함수 makit_abs
3       y = makit_abs(n2)  # 두 번째 수 n2의 절댓값을 구해 y에 저장
4
5       if x > y:             # 두 수 n1,n2의 절댓값 x,y의 값 비교
6           print(n1, n2,'절댓값이 큰 수는: ',n1)
7       else:
8           print(n1, n2,'절댓값이 큰 수는: ',n2)
9
10  def makit_abs(n):         # 수 하나를 입력받아 절댓값을 구하는 함수
11  # 여기에 들어갈 코드를 작성하세요.
12
13
14
15
16  makit(11, -13)
17  makit(15, 79)
```

핵심 ≡ 잡기

함수에서는 또 다른 함수를 호출할 수 있습니다. 하나의 함수 안에서 모든 것을 복잡하게 코드를 작성하는 것보다는 하는 일의 단위를 나누어서 함수로 만들어서 코드를 작성하면 더욱 효율적으로 코드를 작성할 수 있으며 또한 버그가 발생했을 때도 빠르게 찾아낼 수 있습니다.

```
1    def makit(n1, n2):
2        x = makit_abs(n1)
3        y = makit_abs(n2)
4
5        if x > y:
6            print(n1, n2, '절댓값이 큰 수는: ', n1)
7        else:
8            print(n1, n2, '절댓값이 큰 수는: ', n2)
9
10   def makit_abs(n):
11       if n < 0:
12           return -1 * n
13       else:
14           return n
15
16   makit(11, -13)
17   makit(15, 79)
```

ONE MORE THING!

소수(prime number)는 1과 자기 자신만으로 나누어지는 수입니다. 예를 들어 3은 1과 3으로만 나눠지므로 소수입니다. 반대로 6은 1과 6뿐만 아니라 2와 3으로도 나눠지므로 소수가 아닙니다.

다음과 같이 2부터 30까지 수 중에서 소수를 출력하고 소수 개수와 소수들의 합을 구하는 코드를 완성해 보세요.

실행 결과

```
2
3
5
7
11
13
17
```

19
23
29
2 부터 30까지의 소수의 개수는 10 개입니다
2 부터 30까지의 소수들의 합은 129 입니다

```python
1   def is_prime(n):  # n이 소수라면 True를 리턴, 아니면 False를 리턴
2       # 예, n이 7이라면 7을 2부터 6까지 나눠서 하나라도 나눠지면 소수가 아님
3     # 여기에 들어갈 코드를 작성하세요.
4
5
6
7   def makit(n1, n2):
8       cnt = 0   # 소수의 개수 초깃값 0
9       sum = 0   # 소수들의 합 초깃값 0
10
11      for i in range(n1, n2 + 1):
12          if is_prime(i):  # 소수라면
13              print(i)      # 소수 값 출력
14              cnt += 1      # 소수의 개수 1증가
15              sum += i      # 소수들의 누적 합
16
17      print(n1, '부터', n2, '까지의 소수의 개수는', cnt, '개입니
다')
18      print(n1, '부터', n2, '까지의 소수들의 합은', sum, '입니
다')
19
20  makit(2, 30)  # 2부터 30까지의 소수의 개수 및 소수들의 합
```

✔ 정답 코드

```python
1   def is_prime(n): # n이 소수라면 True를 리턴, 아니면 False를 리턴
2       # 예, n이 7이라면 7을 2부터 6까지 나눠서 하나라도 나눠지면 소수가 아님
3       for i in range(2,n):
4           if n % i == 0: # n의 값이 i로 나눠진다면 소수가 아님
5               return False
6
7   def makit(n1, n2):
8       cnt = 0     # 소수의 개수 초깃값 0
9       sum = 0     # 소수들의 합 초깃값 0
10
11      for i in range(n1, n2 + 1):
12          if is_prime(i): # 소수라면
13              print(i)     # 소수 값 출력
14              cnt += 1     # 소수의 개수 1 증가
15              sum += i     # 소수들의 누적 합
16
17      print(n1, '부터', n2, '까지의 소수의 개수는', cnt, '개입니다')
18      print(n1, '부터', n2, '까지의 소수들의 합은', sum, '입니다')
19
20  makit(2, 30) # 2부터 30까지의 소수의 개수 및 소수들의 합
```

무지개 색깔의 스키 장갑

'빨주노초파남보' 일곱 가지 색깔의 스키 장갑이 있습니다. 왼손 장갑 모양의 색깔은 '초록', '초록', '빨강', '노랑', '노랑', '파랑', '남색', '보라'가 있습니다. 오른손 장갑 모양의 색깔은 '파랑', '초록', '초록', '보라', '보라', '노랑', '빨강', '빨강', '파랑'이 있습니다.

같은 색으로 구성된 왼손, 오른손 장갑 짝을 최대로 몇 쌍을 만들 수 있는지 구하는 코드를 작성하려고 합니다. 다음과 같이 결과를 출력하도록 코드를 완성하세요.

실행 결과

```
빨강 색으로 만들 수 있는 장갑은 1 개
주황 색으로 만들 수 있는 장갑은 0 개
노랑 색으로 만들 수 있는 장갑은 1 개
초록 색으로 만들 수 있는 장갑은 2 개
파랑 색으로 만들 수 있는 장갑은 1 개
남색 색으로 만들 수 있는 장갑은 0 개
보라 색으로 만들 수 있는 장갑은 1 개
최대로 만들 수 있는 장갑 쌍은 6 개
```

```python
1   left = ['초록', '초록', '빨강', '노랑', '노랑', '파랑', '남색',
    '보라']
2   right=['파랑', '초록', '초록', '보라', '보라', '노랑', '빨강',
    '빨강', '파랑']
3
4   def makit(left,right):
5       color = ['빨강', '주황', '노랑', '초록', '파랑', '남색', '
    보라']
6       # num = [0]*len(color) 또는 num = [0 for i in range(7)]
7       # 무지개 색깔 순서대로 왼손 장갑 개수
8       left_num = [0, 0, 0, 0, 0, 0, 0]
9       # 무지가 색깔 순서대로 오른손 장갑 개수
10      right_num = [0, 0, 0, 0, 0, 0, 0]
11
```

```
12      # 여기에 들어갈 코드를 작성하세요.
13
14
15
16
17
18
19
20
21
22
23
24
25
26
27
28
29          return total
30
31  print('최대로 만들 수 있는 장갑 쌍은', makit(left,right), '개')
```

```
1    left = ['초록', '초록', '빨강', '노랑', '노랑', '파랑', '남색',
     '보라']
2    right=['파랑', '초록', '초록', '보라', '보라', '노랑', '빨강',
     '빨강', '파랑']
3
4    def makit(left,right):
5        color = ['빨강', '주황', '노랑', '초록', '파랑', '남색', '
     보라']
6        # num = [0]*len(color) 또는 num = [0 for i in range(7)]
7        # 무지개 색깔 순서대로 왼손 장갑 개수
8        left_num = [0, 0, 0, 0, 0, 0, 0]
9        # 무지가 색깔 순서대로 오른손 장갑 개수
10       right_num = [0, 0, 0, 0, 0, 0, 0]
11
12       for i in left:              # i는 왼손 장갑의 색깔
13           idx = color.index(i)  # 장갑의 색깔이 초록이라면 idx = 3
14           # 색에 따른 왼손 장갑의 개수를 저장하는 리스트에 장갑 개수 1 증가
15           left_num[idx] += 1
16
17       for j in right:             # i는 오른손 장갑의 색깔
18           idx = color.index(j)  # 장갑의 색깔이 파랑이라면 idx = 4
19           # 색에 따른 오른손 장갑의 개수를 저장하는 리스트에 장갑 개수 1 증가
20           right_num[idx] += 1
21
22       total = 0                   # 만들 수 있는 장갑 쌍의 개수 초깃값
23
24       for i in range(7):          # 7개 무지개 색깔
25           # 왼쪽, 오른쪽 장갑 개수 중에 작은 값
26           cnt = min(left_num[i], right_num[i])
27           print(color[i],'색으로 만들 수 있는 장갑은', cnt,'개')
28           total += cnt
29       return total
30
31   print('최대로 만들 수 있는 장갑 쌍은', makit(left,right), '개')
```

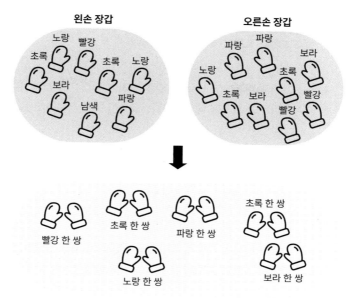

▲ 무지개 스키 장갑 쌍 찾기

다양한 색깔로 구성된 스키 장갑이 왼손 장갑과 오른손 장갑으로 서로 구분되어 left 와 right 리스트에 보관되어 있습니다. 같은 모양으로 구성된 스키 장갑 쌍을 최대로 몇 개 만들 수 있는지를 알려주는 코드를 작성해야 합니다.

괄호 검사기 만들기

괄호 검사기를 만들려고 합니다. 괄호 검사기는 다음과 같이 여는 괄호와 닫는 괄호를 순서와 개수를 만족할 때 성공이고, 그렇지 못한 경우에는 실패입니다.

- (())는 성공
- ((((()))는 닫는 괄호가 한 개 마지막에 모자라므로 실패
-)()(는 여는 괄호가 없이 먼저 닫는 괄호로 시작했으므로 실패
- (()))는 닫는 괄호가 한 개 많으므로 실패
- ()()()는 성공

괄호의 자료가 입력 문자열로 주어지면, 성공과 실패를 판단하는 함수를 포함하는 코드를 작성하려고 합니다. 다음과 같이 결과를 출력하도록 코드를 완성하세요.

실행 결과 예시 1

```
괄호의 자료를 입력하세요:()()()
성공
```

실행 결과 예시 2

```
괄호의 자료를 입력하세요:(()))
실패
```

실행 결과 예시 3

```
괄호의 자료를 입력하세요:)()(
실패
```

```
1   n = input('괄호의 자료를 입력하세요:')
2
3   def makit(n):
4       # 여기에 들어갈 코드를 작성하세요.
5
6
7
```

```
21    if makit(n):  # 괄호 검사 함수 호출
22        print('성공')
23    else:
24        print('실패')
```

정답 ♀ 보기

```
 1    n = input('괄호의 자료를 입력하세요:')
 2
 3    def makit(n):
 4        s = []  # 여는 괄호를 저장
 5
 6        for i in n:          # 괄호 자료 순서대로 괄호 종류 i가 됨
 7            if i == '(':     # 여는 괄호라면
 8                s.append(i)  # s에 저장하기
 9            else:
10                # 매칭되는 여는 괄호가 없는데 닫는 괄호가 먼저 나오면
11                if s == []:
12                    return False  # 실패
13                # 닫는 괄호에 해당하는 여는 괄호 삭제, 리스트에서 마지막 여는 괄호 삭제
14                s.pop()
15
16        if s == []:  # 괄호 자료를 모두 검사한 뒤, 여는 괄호가 없다면 성공
17            return True
18        else:        # 여는 괄호가 남는다면 실패
19            return False
20
21    if makit(n):  # 괄호 검사 함수 호출
22        print('성공')
23    else:
24        print('실패')
```

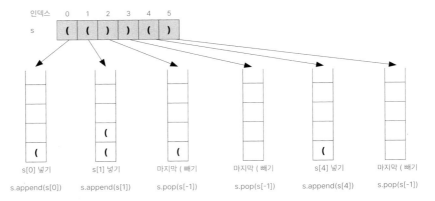

인덱스 0 1 2 3 4 5
s (( )) ( )

s[0] 넣기
s.append(s[0])

s[1] 넣기
s.append(s[1])

마지막 (빼기
s.pop(s[-1])

마지막 (빼기
s.pop(s[-1])

s[4] 넣기
s.append(s[4])

마지막 (빼기
s.pop(s[-1])

▲ 최종적으로 s가 공백 리스트이므로 괄호 검사기 성공

참고로, 위 예제에서 s[5]가 ')'라면 마지막 '('를 빼내면서 최종적으로 s가 공백 리스트가 되므로 괄호 검사기는 성공입니다.

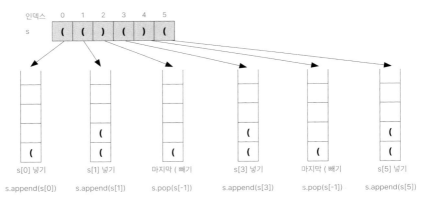

인덱스 0 1 2 3 4 5
s (( ) ( ) (

s[0] 넣기
s.append(s[0])

s[1] 넣기
s.append(s[1])

마지막 (빼기
s.pop(s[-1])

s[3] 넣기
s.append(s[3])

마지막 (빼기
s.pop(s[-1])

s[5] 넣기
s.append(s[5])

▲ 최종적으로 s가 공백 리스트가 아니므로 괄호 검사기 실패

내장 함수 이용해 숫자 정렬하기 I ━

다음과 같이 정렬된 결과를 출력하도록 코드의 빈칸을 채워서 완성하세요.

실행 결과

```
[1, 12, 15, 19, 23, 75, 79]
[79, 75, 23, 19, 15, 12, 1]
```

```
1   a = [12, 23, 1, 15, 75, 79, 19]
2   _____
3   print(a) # 오름차순 정렬
4   _____
5   b = [12, 23, 1, 15 ,75, 79, 19]
6   _____
7   print(b) # 내림차순 정렬
```

핵심 ≡ 잡기

- 파이썬에는 정렬 결과를 얻기 위한 내장 함수가 있습니다. 내장 함수 a.sort( ) 를 실행하면 정렬하고자 하는 리스트를 정렬한 후 정렬된 리스트로 기존 리스트 가 업데이트됩니다. 즉, 리스트 a를 정렬해 리스트 a가 정렬된 결과로 업데이트 됩니다.

- 정렬 함수는 기본적으로 오름차순으로 정렬된 결과를 알려줍니다.

- 내림차순으로 정렬하려면 reverse = True를 추가해야 합니다. 즉, a.sort (reverse=True)를 실행하면 결과를 얻을 수 있습니다.

정답 보기

```
1   a = [12, 23, 1, 15, 75, 79, 19]
2   a.sort() # 리스트 a가 정렬되어 업데이트, 기본 정렬은 오름차순
3   print(a)
4
5   b = [12, 23, 1, 15, 75, 79, 19]
6   b.sort(reverse=True) # 리스트 b가 내림차순으로 정렬되어 업데이트
7   print(b)
```

▲ 오름차순 숫자 정렬

▲ 오름차순 문자 정렬

코드를 작성하면서 임의로 배치된 숫자들을 오름차순 또는 내림차순으로 정렬해야 하는 경우가 많이 있습니다. 숫자뿐만 아니라 문자를 정렬해야 하는 경우도 종종 있습니다. 문자를 정렬하기 위해서는 문자에 대응되는 숫자인 아스키 코드 값을 통해서 정렬합니다. 아스키 코드에 대한 설명은 188쪽에서 다시 한번 확인해 보세요.

내장 함수 이용해 숫자 정렬하기 II ―

다음과 같이 정렬된 결과를 출력하도록 코드의 빈칸을 채워서 완성하세요.

실행 결과

```
[12, 23, 1, 15, 75, 79, 19]
[1, 12, 15, 19, 23, 75, 79]
[12, 23, 1, 15, 75, 79, 19]
[79, 75, 23, 19, 15, 12, 1]
```

```
1   a = [12, 23, 1, 15, 75, 79, 19]
2   _____
3   print(a)
4   print(b)
5
6   c = [12, 23, 1, 15, 75, 79, 19]
7   _____
9   print(c)
10  print(d)
```

핵심 ≡ 잡기

- 리스트를 정렬해 정렬된 결과로 새로운 리스트로 만들어주는 내장 함수가 있습니다.

- 새롭게 만들어야 하므로 변수를 생성해 **b = sorted(a)**와 같이 사용합니다. 이때 b는 정렬된 결과 리스트이고 a는 정렬하고자 하는 리스트입니다.

- 리스트 a를 정렬한 결과로 리스트 b가 새로 생성될 뿐, 리스트 a는 그대로 값을 유지합니다. 마찬가지로, 내림차순으로 정렬하기 위해서는 **reverse = True**를 추가해 결과를 얻을 수 있습니다

```
1   a = [12, 23, 1, 15, 75, 79, 19]
2   b = sorted(a)   # 리스트 a 오름차순 정렬 결과 새로운 리스트 b가 됩니다.
3   print(a)        # 리스트 a는 변경 안 됨
4   print(b)        # 오름차순 정렬 결과
5
6   c = [12, 23, 1, 15, 75, 79, 19]
7   d = sorted(c,reverse=True)   # 리스트 c가 내림차순으로 정렬되어 리스트 d 생성
8   print(c)                     # 리스트 c는 변경 안 됨
9   print(d)                     # 내림차순 정렬 결과
```

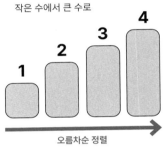
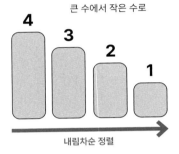

▲ 오름차순과 내림차순 정렬 비교

잠깐 알아보는 컴퓨터 과학 상식: 정렬(sorting)

정렬(sorting)은 어디에 사용될까요? 만약에 다양한 나이로 구성된 하나의 모임이 있다고 합시다. 다음과 같이 우리 모임 사람들의 나이를 리스트 a에 저장했습니다.

```
1   # 우리 모임 사람들의 나이를 저장
2   a = [12, 23, 1, 15, 75, 79, 19]
```

우리 모임에서 3번째로 나이가 적은 사람의 나이는 몇 살일까요? 이런 경우에 오름차순으로 정렬한 결과에서 답을 쉽게 구할 수 있습니다.

```
1   b = sorted(a)
```

실행 결과

```
b = [1, 12, 15, 19, 23, 75, 79]
```

위와 같이 오름차순 결과를 저장한 리스트 b를 통해 쉽게 구할 수 있습니다. 3번째로 적은 나이는 print (b[2])를 사용하면 됩니다.

그러면 우리 모임에서 3번째로 나이가 많은 사람의 나이는 몇 살일까요? 이런 경우에는 내림차순으로 정렬한 결과에서 답을 쉽게 구할 수 있습니다.

```
1   c = sorted(a, reverse=True)
```

실행 결과

```
c = [79, 75, 23, 19, 15, 12, 1]
```

위와 같이 내림차순 결과를 저장한 리스트 c를 통해 쉽게 구할 수 있습니다. 3번째로 많은 나이는 print (c[2])를 사용하면 됩니다.

임의로(랜덤) 저장된 자료(자료)의 경우 정렬을 통해 가지런하게 저장하면, 문제를 더 쉽게 인식할 수 있으며, 효율적으로 해결하는 방법(알고리즘)을 찾을 수 있습니다.

정렬을 통한 문제 해결

다음과 같이 학생 이름과 점수가 아래와 같습니다.

이름	점수
메이킷	92
소피아	75
우진	95
시은	96
제임스	89

이 자료를 사용해 다음과 같이 결과를 출력하도록 코드를 완성하세요.

실행 결과

```
몇 등 학생 자료를 알고 싶나요? 3
3 등 학생은 92 점이고 이름은 메이킷 입니다
```

```python
1    # 학생 이름 리스트
2    name = ['메이킷', '소피아', '우진', '시은', '하워드']
3    score = [92, 75, 95, 96, 89] # 학생 점수 리스트
4
5    n = int(input('몇 등 학생 자료를 알고 싶나요? '))
6
7    # 여기에 들어갈 코드를 작성하세요.
8
9
10
11   # 결과 출력
12   print(n, '등 학생은', a, '점이고 이름은', name[idx], '입니다')
```

```
1   # 학생 이름 리스트
2   name = ['메이킷', '소피아', '우진', '시은', '하워드']
3   score = [92, 75, 95, 96, 89] # 학생 점수 리스트
4
5   n = int(input('몇 등 학생 자료를 알고 싶나요? '))
6
7   score2 = sorted(score, reverse=True) # 학생 점수 내림차순 정렬
8   a = score2[n-1]      # n등 학생의 점수를 a에 저장
9   idx = score.index(a) # a 점수가 저장된 인덱스 값 구하기
10
11  # 결과 출력
12  print(n, '등 학생은', a, '점이고 이름은', name[idx], '입니다')
```

ONE MORE THING!

다음 코드와 같이 학생 이름과 점수가 딕셔너리의 키와 값으로 각각 저장되어 있을 때 같은 결과가 나오도록 코드를 완성하세요.

```
1   a = {'메이킷':92, '소피아':75, '우진':95, '시은':96, '하워
    드':89} # 딕셔너리 저장
2
3       # 여기에 들어갈 코드를 작성하세요.
4
5
6
7
8
9
10
11
12
```

✔ 정답 코드

```
1  a = {'메이킷':92, '소피아':75, '우진':95, '시은':96, '하워
   드':89}              # 딕셔너리 저장
2
3  n = int(input('몇 등 학생 자료를 알고 싶나요? '))
4  b = list(a.values())    # 딕셔너리에서 값만 뽑아서 리스트 b로 생성
5  b.sort(reverse = True) # 리스트 b를 내림차순으로 결과로 바꾸기
6  c = b[n-1]              # n 등 학생의 점수를 c에 저장
7
8  for i in a:            # 딕셔너리의 키를 i에 저장하면서 반복
10    if a[i] == c: # 키에 해당하는 값이 c값과 같다면
11        # 결과 출력
12        print(n, '등 학생은', c, '점이고 이름은', i, '입니다')
```

 **선택 정렬 알고리즘** ────────

지금까지 내장 함수를 사용해 손쉽게 리스트를 정렬했습니다. 이미 만들어진 함수를 사용하면 쉽고 편하지만, 내 입맛에 맞게 코드를 변경하는 것에는 한계가 있습니다.

어떤 문제를 순서 또는 절차에 따라 해결하는 것을 알고리즘이라고 합니다. 정렬 문제를 해결하기 위해서는 다양한 알고리즘이 있습니다. 그중에서 가장 기본적인 것이 선택 정렬 알고리즘인데, 다음 과정을 참고해 선택 정렬 코드를 작성해 보세요.

다음과 같은 리스트를 오름차순으로 정렬하려고 합니다.

[13, 7, 2, 199, 24, 5]

첫 번째 값 13을 기준으로 두 번째부터 끝까지 리스트 값 중에서 가장 작은 값을 고릅니다. 가장 작은 값 2가 선택되고 선택된 수가 더 작다면 13과 2의 자리를 바꿉니다.

[2, 7, 13, 199, 24, 5]

이제 두 번째 값 7을 기준으로 세 번째부터 끝까지 리스트 값 중에서 가장 작은 값을 고릅니다. 가장 작은 값 5가 선택되고, 선택된 5가 7보다 작으므로 자리를 변경합니다. 만약 선택된 수가 더 크다면 자리를 바꾸지 않습니다.

[2, 5, 13, 199, 24, 7]

이제 세 번째 값 13을 기준으로 네 번째부터 끝까지 리스트 값을 비교하면서 위와 같은 작업을 진행합니다.

[2, 5, 7, 199, 24, 13]

그다음 네 번째 값 199를 기준으로 수행합니다.

[2, 5, 7, 13, 24, 199]

마지막으로 다섯 번째 값 24를 기준으로 수행합니다. 24 기준으로 가장 작은 값은 199가 선택됩니다. 하지만 24가 199보다 작으므로 자리를 바꾸지 않습니다.

[2, 5, 7, 13, 24, 199]

이 과정을 거치면 [2, 5, 7, 13, 24, 199]와 같이 정렬된 결과를 얻을 수 있습니다.

이와 같이 수행되는 선택 정렬 알고리즘을 코드로 작성해 다음과 같이 정렬 과정과 최종 정렬 결과를 출력하도록 코드를 작성해 보세요.

실행 결과

```
[13, 7, 2, 199, 24, 5]
[2, 7, 13, 199, 24, 5]
[2, 5, 13, 199, 24, 7]
[2, 5, 7, 199, 24, 13]
[2, 5, 7, 13, 24, 199]
[2, 5, 7, 13, 24, 199]
최종 정렬 결과 [2, 5, 7, 13, 24, 199]
```

```python
1   a = [13, 7, 2, 199, 24, 5]
2
3   def makit_selection(a):
4       # 여기에 들어갈 코드를 작성하세요
5
6
7
9
10
11
12
13
14
15  print('최종 정렬 결과', makit_selection(a))
```

```python
1   a = [13, 7, 2, 199, 24, 5]
2
3   def makit_selection(a):
4       print(a)                              # 정렬하기 전 리스트 출력
        # 기준이 되는 값은 처음 값부터 마지막 직전 값까지 수행
5       for i in range(len(a)-1):
6           idx = i                           # 기준이 되는 값의 인덱스
            # 기준 값 뒤 부터 리스트 끝까지 기준 값과 비교하기
7           for j in range(i+1, len(a)):
8               if a[j] < a[idx]:             # 기준 값이 크다면
9                   idx = j                   # idx는 가장 작은 값의 위치를 저장
10          # 기준 값과 가장 작은 값을 서로 변경하기
11          a[i], a[idx] = a[idx], a[i]
12          print(a)                          # 정렬 진행 과정 출력
13      return a                              # 최종 정렬 결과 리턴
14
15  print('최종 정렬 결과', makit_selection(a))
```

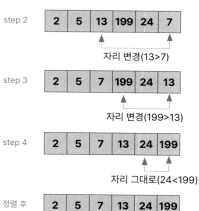

▲ 선택 정렬 순서 그리기

251

선택 정렬의 과정은 step1에서는 맨 처음 자리에 가장 작은 숫자가 선택되어 자리 변경 후 첫 번째 자리 숫자가 확정됩니다. step2에서는 두 번째 자리에 두 번째 작은 숫자가 선택되어 자리 변경 후 두 번째 자리 숫자가 확정되는 방식으로 반복 동작합니다. 이렇게 왼쪽부터 작은 숫자로 확정해 가면서 정렬이 완료됩니다.

숫자를 정렬하는 방식인 선택 정렬 과정에서 보듯이 어떠한 문제를 해결하기 위한 방법에는 순서와 절차가 있습니다. 이러한 순서와 절차를 표현한 것을 '알고리즘'이라고 합니다.

여기까지 온 여러분은 기본적인 문제를 해결하기 위한 절차나 방법을 파이썬을 사용해서 컴퓨터에 명령할 수 있습니다. 앞으로 조금 더 재미있고 복잡한 컴퓨터 과학의 핵심인 알고리즘의 세상으로 들어가는 티켓을 손에 쥔 셈입니다. 축하합니다!

찾아보기